日本一の開運の達人 Dr.コパが教える

運トレ100

著 小林祥晃

徳間書店

introduction

運の正体と運を活用するメソッド

私たちは運がよいから生きている

運について考えると人生が好転する

私たちは「運」をどんな時に意識するでしょうか。

読者のみなさまも、「運がいい」「運が悪い」という言葉をよく口にするはずです。「渋滞にはまらなかった」「外出したのに雨が降らなかった」「街中で友人に偶然出会った」など、何かの結果に対して、「運がよかった」、または「運が悪かった」と言います。しかし、何らかの結果に対して、「運がよい」、「悪い」と判断しているのは自分自身にしかすぎません。

運とひと言ですませていますが、渋滞を避けるために道や時間帯を選んだり、天気予報を意識したり空の模様をうかがったり、偶然の出会いもあなたが街に外出したからであり、そこには行動や知恵が伴っています。ということは、運とは人間の行動や知恵に付随しているといえます。

そう考えると、私たちは毎日行動し思考しているので、その都度、運と出会い、運を使い、そして小さな運を積み重ねているのです。小さな運には「よい運」「悪い運」がその都度起こりますが、改めて考えると、私たちが今生きていることは、運のよい選択を絶えずしてきたといえます。

あなたが朝目覚めるのは運がよいから。

あなたがごはんを美味しく食べられるのは、運がよいから。

あなたが本書を読んでいることは、運がよいからです。

もっといえば、運がよいから、この世に生を受けたのです。

まずは「私は運がよい」ということを自覚することです。これこそが、「運トレ」の第一歩。運がよいと思うだけで、心が晴れやかになります。逆に運が悪いと思うと、気持ちも体も不調になります。心も体も、思考に正直に反応するようにできているからです。

それならば、「私は運がよい」と思ったほうが得。それだけで体は軽やかに、行動も機敏になり、頭も冴《さ》え、発想が豊かになります。そうなると神社仏閣に参拝したり部屋を掃除したりと、自然と運がよくなるアクションをするようになるから不思議です。運がよくなるアクション＝運トレをすれば、運を体内に取り込む↓運を鍛え育てる↓大きくなった運をよいタイミングで使う、といった幸運のサイクルが生まれるのです。

そもそも運とは何か？

才能も努力も運しだい

運は見ることも触れることもできません。どんな形なのか、色がついているのかもわかりません。それにもかかわらず、世の中には運を求める人であふれかえっています。

では、そもそも「運」とはいったい何なのでしょうか？

「運」という単語を辞書で調べると、

1　人の身の上にめぐりくる幸・不幸を支配する、人間の意志を超越したはたらき。天命。運命。

2　よいめぐりあわせ。幸運。

と出てきます。まさに、その通りですが、いまいちよくわかりません。簡単にいうと、私たちの才能や努力ではどうにもならないものが、「運」というものなのでしょう。

しかし、現実には運が私たちの人生を左右するといっても過言ではありません。実際に何かを成功した人は意識的か無意識かわかりませんが、運をうまく取り入れ、育て、活用しています。コパは多くの成功者の方々にお会いしますが、みなさん運を取り込む習慣を身につけています。コパはそれを「開運縁起」と呼んでいます。

もちろん、成功してお金持ちになるには、才能や努力は欠かせません。しかし、たとえ才能があったとしても、人並み以上の努力をしたとしても、必ずしも成功するわけではありません。そこに運という要素がプラスされることで、成功が形づくられるのです。

コパは競馬の馬主でもありますが、競馬の三歳馬のG1三冠には、このような格言があります。

「皐月賞は〝最も速い馬が勝つ〟、菊花賞は〝最も強い馬が勝つ〟、ダービーは〝最も運のある馬が勝つ〟」

ダービー制覇は競馬関係者なら誰もが成し遂げたい目標です。しかし、いくらよい血統、よい調教をして速くて強い馬を育てあげたとしても、運がなければダービーを勝つことはできないのです。

コパが馬主になった動機は、競走馬に風水による開運術がどれだけ効果があるのか試してみたかったから。ある意味、壮大なる開運実験でもあります。愛馬にはその年の方位や色から開運法や厄除け術を施し、レースに出走させています。それで中央競馬のG1レースを3度も獲得し、5着までの入着賞金は総額で約60億円（中央・地方合わせて）に達しました。まさに実験成功であり、開運の証明ができたといえるでしょう。最初は訝《いぶか》し気に見ていた調教師も、今では相談にくるほどです。

運の種が芽吹き、開花する

「運の種」が外に出て初めて幸運、不運となる

コパは〝運の種〟というものが、空気中や私たちの体内に存在し、それらが「幸運」、「不運」という形なって私たちに作用していると考えます。運の種自体にはよいも悪いもなく、無色透明のもの。それに喜ばしいことがつけば「幸運」に、悲しいことや落胆、怒りなどがつけば「不運」となります。

つまり、運がいい、運が悪いは結果論にしかすぎないということ。たとえば、風邪は咳《せき》や発熱など症状が出た時点に気づくもので、体内に菌やウイルスが入った段階では気づかないのと一緒です。

では、運の種を幸運にする方法はあるのでしょうか。それこそが、「運トレ」です。体内にある運の種がよい環境、よいタイミングで出れば幸運となり、逆に悪いタイミングで出ると不運になるからです。

運の種は健康面で使うのなら「健康運」に、お金について使うなら「金運」として活用する

ことができます。「西に黄色」という風水が金運に効果的なのは、自身の体内にある運の種を「金運」として正しく出すための行為だから。つまり、ラッキー方位の考えは、運の種に「健康運」「人間関係運」「才能運」など各方位が持つパワーを宿《やど》しているのです。

また、神社仏閣で神様に開運祈願するのは、「自分の体内に宿る運を、○○が成就《じょうじゅ》するよう大きく育ててください」「運をよきタイミングで出してください」と願うことなのです。

英語に「チャンス」という言葉あります。機会や可能性、または偶然や運による出来事を意味します。私たちは運＝チャンスと考えがちですが、それは違います。運にチャンスが結びつくことで、幸運になるのです。つまり、チャンスは運を幸運に変える「時」や「タイミング」のこと。このチャンスのタイミング、チャンスの機会を神様にお願いしているのです。

こう考えると、運自体は自分次第でどうにかなることがわかります。つまり、運は受け身ではなく、また他力本願のものでもありません。持って生まれた運と外からやってくる運を、あなたがどのようにとらえて、どう生かすか――それは自分が決めることなのです。

結論をいえば、運とは、成功したら「幸運」、失敗したら「不運」となる、曖昧《あいまい》なもの。運を幸運にするには、運をよいタイミングで出すこと。それにはよい環境をつくることですが、神社仏閣への参拝・祈願など神仏を頼ったり、自分自身でも開運アクションを日常生活に取り入れることです。

このようにして外気にある運の種をうまく取り込み、体内に宿して育て、それをよきタイミングで出す、この循環ができる人が成功するのです。

運の正しい補充と育て方

運のキャッチボールで運を膨らませる

私たちの体内には、運の種を蓄えるタンク、器があります。よく「器量が大きい」といいますが、これは「運の種を入れる器」とコパは解釈しています。

運の種を入れる器は容量、頑丈さ、清潔さなど、人それぞれ。成功している人は器も大きく、きれいです。一方、うまくいかない人は、器が壊れて運の種がこぼれてしまったり、厄《やく》という名の汚れがこびりついていたり。これではいくら絶好のチャンスが到来しても、そのタイミングで運を出すことができずに幸運を逃《のが》すことになります。これが「いざという時に運がない」「大事な時に力が発揮できない」原因に。コパが運トレと同時に厄落としの大切さを説くのは、こういった理由からです。

前項で運の種について説明しましたが、その量は、自信となって表れます。運の種が満ちあふれると自信がついて、表情は明るく思考も前向きになるので、自分でもわかります。一方、自信が持てない時は、行動はためらいがちに。それは体内の運の種が不足しているため、行動を制限してしまっているのです。こういった時は、運の種の補給が必要となります。

一方、運の種を過剰に抱え込むのも禁物です。運の種は使ってこそ、運となるからです。

では、運の種の育て方と過不足の調整はどのようにすればよいでしょうか。それは人や神仏、自然とのコミュニケーションです。

「運は会話をすることによって育《はぐく》まれる」と風水ではいいます。キャッチボールと同じ要領で、運のやりとりをすることで、運の種は補給でき、さらに角《かど》がとれて丸くなり、厄はとれ、どんどん大きく成長するのです。当然ですが、運のキャッチボールは運のいい人と行うこと。運の悪い人と運のやりとりを行うと、運の種はやせ細ったり、形がいびつになったり厄がついたり、中には運の種ごと奪われてしまうことも。

補給に関しては、運の種自体はどこにでもある身近な存在ですが、できるならば、吉方位や気分がリフレッシュできる自然豊かなところに出かけると、補給に合わせて開運アクションにもなるから一石二鳥です。

要は自分に自信を持つように、心身ともに健康になることが、体内の運の種を正しい育てることになるのです。

運に好かれる人になる

大谷翔平選手の運を呼ぶ行動

運の種は誰も持っているものですが、幸運を手にできるのはひと握り。幸運は好き嫌いがはっきりしているのです。

メジャーリーガーの大谷翔平選手は、持って生まれた運＝才能豊かな存在です。しかし、それ以上に、もうひとつの運、環境にある運を生かすことも、日ごろからきちんと実行しているのです。大谷選手が花巻東高校の1年生の時に、目標達成のマンダラチャートを作成しました（左図参照）。これはやるべき項目を81マスに分けたもので、中央には「ドラフト8球団指名」という大きな夢が書かれていますが、そのすぐ下には「運」と記載してあります。その「運」を細分化した項目には、「あいさつ」「ゴミ拾い」「部屋そうじ」「道具を大切に使う」「審判さんへの態度」「プラス思考」「応援される人間になる」「本を読む」と書かれています。どれも運をつかむために、大谷選手が掲げた行動指針となるもの。

メジャーリーグ入団後も、ゴミ拾いする大谷選手がテレビ中継に映し出されます。大谷選手

高校時代の大谷翔平選手が作成した目標達成のマンダラチャート
※運の項目だけ抜粋

体づくり	コントロール	キレ
メンタル	ドラ1 8球団	スピード 160km/h
人間性	運	変化球

あいさつ	ゴミ拾い	部屋そうじ
道具を 大切に使う	運	審判さんへの 態度
プラス思考	応援される 人間になる	本を読む

ほどのスーパースターでも、「運を呼ぶための行動」をしているのです。そうした行いが、多くのファンから愛され、そして神様からも好かれる所以《ゆえん》なのでしょう。運がよい人になるために、小さな行動が大切だと再認識できる好例ですね。

運についてこれまで考察してきましたが、最後にいいたいのは、「人生は正しい答えのないゲーム。そのゲームの中に運を絡ませて楽しむ」こと。人生は運不運があるから面白い。運は人生を楽しむためのスパイス、不運でさえも笑える人生が運のよい人生ですよ。

日本一の開運の達人 Dr.コパが教える 運トレ100 CONTENTS

Chapter 2

神様のご加護を得る運トレ9

Chapter 3

人の縁を運に変える運トレ19

061

Chapter 4

住まいの環境を変える運トレ15

Chapter 5

不調な時こそ試したい運トレ7

097

Chapter 6

ここ一番の時に効く運トレ19

105

Chapter 1

習慣化したい基本の運トレ31

運というものは空気中に無数に浮遊していたり、何気なく地面に落ちているものです。それをうまく吸ったり、拾ったりするのが、運のいい人と悪い人の差。また運を貯め込んで使わなかったり、運を育てずに浪費したり。運のいい人は運の使い方を知っているのです。

運は日常どこにでもあるもの。
それを使うのは
あなた次第

運トレ

001

ルーティンや習慣をあえて崩す

☑ワンパターンな毎日では大きな運はつかめない

「もう10時だから寝ないといけない」「通勤・通学のため、決まった電車に乗る」「あの場所に行くには、この道順で」など、習慣やルーティンをなぞって生きていませんか？　また、「朝昼晩1日3食」「睡眠時間は8時間」といった固定観念に縛られると、生きる世界がどんどん小さくなってしまい、自ら制限をかけてしまうことに。起伏の少ない毎日を自らあえて崩すことで変化がもたらされ、意外な発見や気づきが得られます。それが運を鍛えることに。そのためには「空腹を感じるまで食べない」「眠くなるまで起きている」など、もっと本能主義、自分主義でいくことです。同様に、「もう50代だから結婚なんて無理」「60代だから派手な格好は恥ずかしい」など、年齢で自分を縛るのもいけません。

常識に縛られすぎると損をする。

運トレメモ

日常の当たり前を打破することで、あなたの固定観念が払拭される。しかし、自分の欲を優先しすぎて、人間関係や時間、お金にルーズになると、逆に運気を下げることに。

各運の効果

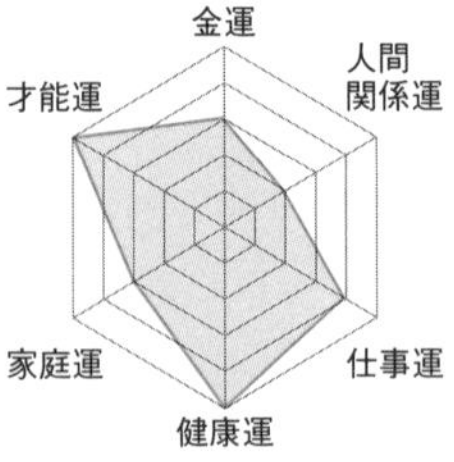

運トレ難易度

易・普・難

運上昇度

70%

運トレ時間

随時

運トレ 002
「当たり前のこと」を意識する

普遍なものが最も大切なこと

運トレ001では常識を崩せと記しましたが、変えてはいけないものもあります。それは、「夜は寝るもの、朝は起きるもの」「汚い家よりきれいな家で暮らせ」「不潔は嫌われる」など、誰もが知っているごく当たり前のこと。こうした普遍なものは、2000年以上前からの人の営《いとな》みであり、それによって得られる喜怒哀楽は変わりません。そこで運トレとしては、普遍的なものが、なぜ普遍なのかを今一度考えてみることです。きれいな家がなぜいいのか、早寝早起きはなぜ幸運をもたらすのか、それがもたらす効果まで考えてください。こうした真理は、小学生にもわかるシンプルで簡単なことばかりです。人として正しい道を歩く、つまり古来の知恵を活かしながら前向きに生きればそれでいいのです。

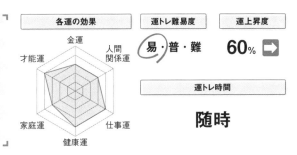

運を得るのに難しい理論や技術は必要ない。

運トレメモ

好きな服を着て、おいしいものを食べて、居心地のいい家で寝起きして、自分の才能を活かしながら明るく元気に生きる。これこそ、人の「幸せ」の基礎で誰もが望むこと。

各運の効果

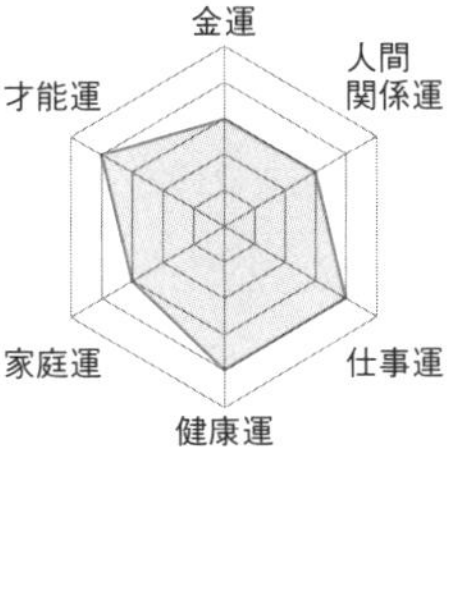

運トレ難易度

易・普・難

運上昇度

60%

運トレ時間

随時

運トレ
003
自分を変えるというマインドを持つ

マンネリが断ち切られ、気持ちが切り替わる

私たちの暮らしは新型コロナウイルスにより強制的に変化させられました。ただ、ステイホームなどの束縛された状況でも、宅配や置き配、リモートワークといった新しい知恵や技術が発展・普及し、収束した今ではそれが新たな生活スタイルとして定着しています。それは世の中の動きに対して、私たち個人が柔軟に受け入れたから。ただし、変化に対して、心まで受け身になってはいけません。「自分から変わる」という姿勢こそ、開運の原動力。どうせ変化するのなら、自分の変わりたいように変わったほうが得です。変えるポイントは2つ。ひとつめは考え方。これからは「右へならえ」はやめて、何でも自分で考え、自分で決めること。もうひとつは見た目。好きな装《よそお》いで「これが私！」と自信を持つことです。

変化は受け身ではなく、自発的に。

運トレメモ

時間の使い方を変えると生活スタイルは変わる。たとえば朝7時の起床を5時に早める、夜の入浴を朝風呂に替えるなど。行動習慣を変えれば気持ちが変わる。

各運の効果

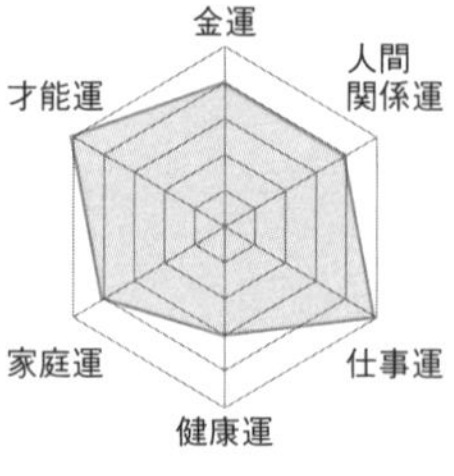

運トレ難易度

易・普・難

運上昇度

90%

運トレ時間

随時

運トレ

004

運を上げたいなら顔を上げる

上向きは運が上がり、下向きは運が下がる

楽しいことを考える時、目線はどこを向きますか？　そう、上向きです。「心が舞い上がる」というように、人は心がウキウキすると自然に目線が上がり、顔は真正面よりやや上向きになります。一方、悲しい思いをしたり、落ち込んだりした時は、うつむいて目線が下がり、顔は下を向きます。これは気持ちが沈んでいるため。目線や顔向きは、心の上下に連動するのです。

顔向きは人間関係にも影響を及ぼします。顔を上げ、目線を上げていると、目は自然に大きく開き、口角も上がって優しい表情となり、親近感をもたらします。逆に目線を下げると口角が下がり、「陰気」「不満気」「悩みを抱えていそう」と見られやすく、拒絶の姿勢にとらえられます。

つらい時、落ち込んだ時ほど顔を上げる。

運トレメモ

風水では「心は形に収まる」と考える。人の動作と心の状態は連動するので、いつも明るく前向きな気分でいたいなら、目線を上げるクセをつけること。

各運の効果

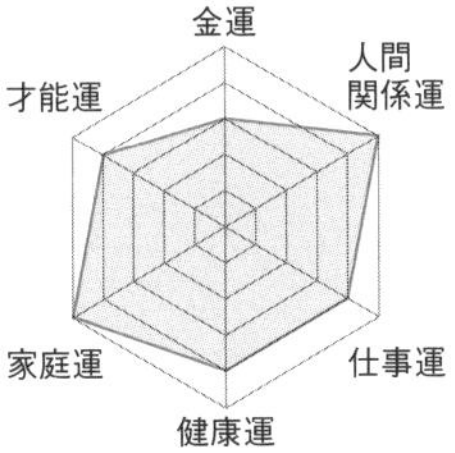

運トレ難易度

易・普・難（普に丸印）

運上昇度

70%

運トレ時間

随時

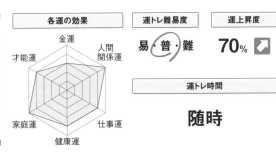

運トレ

005 運は口から入りて、口から出る

何を食べるか、何を言うかで運の差が出る

人間の体を家にたとえると、口は玄関に該当します。玄関が汚い家や暗い家は来客が少なかったり、玄関が開けっ放しでは防犯のうえでも物騒《ぶっそう》です。人間の体も同様で、よい運気を体内に入れるためにも、意識的に口に注目しましょう。

風水では「その人の人となりを知りたいなら、まず口元を見よ」といいます。普段から唇がきちんと閉じ、口角が上向きなら運のいい人、だらしない半開きやへの字口ならあまり運のない人と判断します。また、重要なのが口から出入りするもの、つまり「何を食べるか」と「放つ言葉」。ファストフードやインスタント食品ばかり食べている、口にする言葉が愚痴や悪口ばかりなら、その人とは距離を置いたほうがいいでしょう。もちろん、自らも注意してください。

食べ物や発する言葉で運気は左右する。

運トレメモ

食事は運気のチャージにとっても重要。旬のもの、地元のもの、吉方位で獲れたもの、ラッキーフードなどを積極的に取り入れて。また前向きな言葉を口にすると、運気アップに。

各運の効果

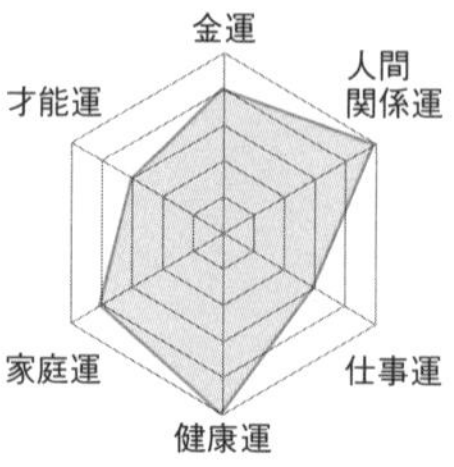

運トレ難易度

易・普・難（普）

運上昇度

85%

運トレ時間

食事時、会話時

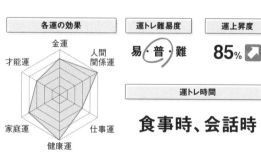

運トレ
006
運がいい人は「歯が命」

☑ きれいな歯と口腔衛生に気を配る

運のいい人に口がにおう人はいません。実際、企業のトップなど人の上に立つ人は、歯並びやオーラルケアに人一倍気を配るもの。健康な歯は、運のいい人になるための必須条件なのです。毎日の歯磨きはもちろん、デンタルフロスや歯間ブラシも併用し、健康を保ちましょう。

風水では歯の状態を左右するのは西方位で、「歯は金運を表す」と考えます。虫歯が多い、黒く変色している、すきっ歯、口臭があるのは金運がない証拠。金運がない人は、ほかの運も弱いものです。一方で、「歯が痛むのはお金が入る前触れ」ともいいます。ただし、虫歯は放っておくとどんどん悪化するので、痛み始めたら早めに治療をしてください。

食事や言葉に厄がつかないように口腔衛生は敏感に。

運トレメモ

歯磨きやマウスウォッシュは簡単にできる運気のリフレッシュ法。嫌なことがあった際には口腔ケアをすれば厄を落とせる。歯ブラシの寿命は約1カ月と心得て。

各運の効果

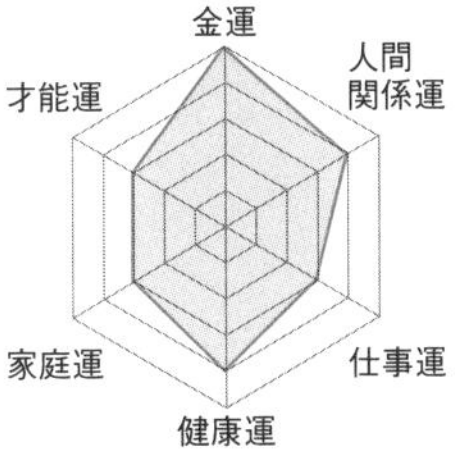

運トレ難易度

易・(普)・難

運上昇度

70%

運トレ時間

随時

運トレ
007
食事の際は6つの運にこだわる

☑ **食の開運の極意は、「どんな環境でつくられたか」**

食事は毎日3食あり、直接体内に入るため、運のよい人と悪い人の差が出やすいものです。食生活は開運の五本柱（衣・食・住・遊・心）のひとつ。一般的に食べたいものや味を重視しますが、コパはいかに運のよいものを食べるかを基本としています。

食事での開運は何によって決まるかというと、①作り手の運、②食材の運、③調理空間の運、④食事空間の運、⑤器の運、⑥一緒に食べる人の運です。流行している飲食店は、この6つの運のすべて、もしくはどれかが満たされています。自宅でも自分や家族の運気を上げたいなら、清潔なキッチンで安心できる食材を使い、居心地のいいダイニングで高級な食器を使ってみてください。

食材や食器、食事の環境をこだわれば、それが血肉となり、運となる。

運トレメモ

料理には作り手の気が入るので、「運のいい人が気分よくつくった食事」であることが大切。イライラしながらつくるとイライラの気が食べ物に入ってしまうので注意を。

各運の効果

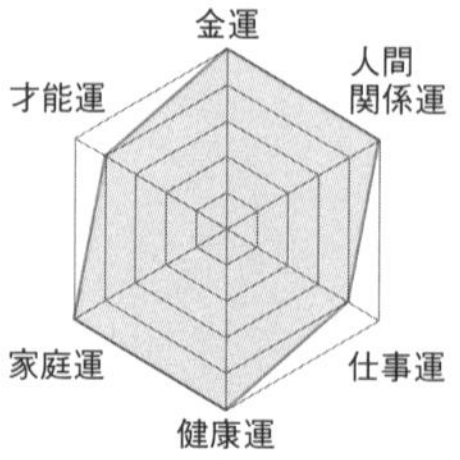

運トレ難易度

易・普・難

運上昇度

90%

運トレ時間

食事の時間

運トレ
008
食事はいつもより多く噛む

☑脳の働きと皮膚のたるみが改善されていく

風水では、「固いものには南西のパワーが宿り、食いしばる力が湧いてくる」といいます。歯を食いしばるのは力を出したり緊張したりすると、交感神経が優位になり、口の周りの筋肉が緊張するから。歯を食いしばる行為は頑張りの結果なのです。

しかし、現代人は食べやすいからと柔らかいものばかり食べていたり、時間がなく急いで早食いをしたりするため、踏ん張りがきかず、脳の血流が低下して頭の働きが衰えることに。脳が冴えていないと、運をうまく活用できません。そのためには日ごろから食事の際に多く噛むことを意識したり、根菜類やナッツなどの固いものを積極的に食べましょう。

噛むたびに脳が活性化され、運の使い方が定まる。

運トレメモ

多く噛んで食べることは早食いを防ぎ、胃腸への負担を和らげるほか、緊張をほぐし精神を安定させたり、肥満防止や認知症防止の効果もある。顔のたるみ防止にも。

各運の効果

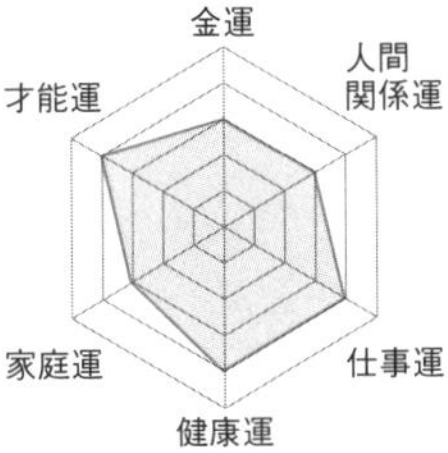

運トレ難易度

易・普・難

運上昇度

70%

運トレ時間

食事の時間

運トレ
009
吉方位をひたすら歩く

☑移動するだけで運が得られるお手軽開運術

吉方位とは自分の住む場所を中心に、運気や運勢がアップする方位のこと。自分の生まれた年から割り出される本命星によって、月ごとに吉方位と凶方位は変わります。特に引っ越しや旅行などの移動の際には、吉方位や凶方位は重要となるので必ずチェックしてください。

吉方位は行くだけ移動するだけで幸運が得られます。移動距離が長くなればなるほど幸運パワーも大きくなるため、吉方位旅行は最高の開運術ですが、近い移動で得られる小さなパワーを貯める地道な方法もあります。たとえば、毎朝の散歩やランニングのコースの目的地を吉方位の方角にとったり、買い物を吉方位にあるお店を選んだりするのもよいでしょう。

吉方位に向かってひたすら歩く〝運貯め散歩〟は試す価値あり。

運トレメモ

吉方位の神社仏閣の参拝や吉方位の温泉にのんびり浸《つ》かれば幸運はしっかり宿る。吉方位旅行が無理ならば、吉方位の食材を食べたり、吉方位からお取り寄せするのも◎。

各運の効果

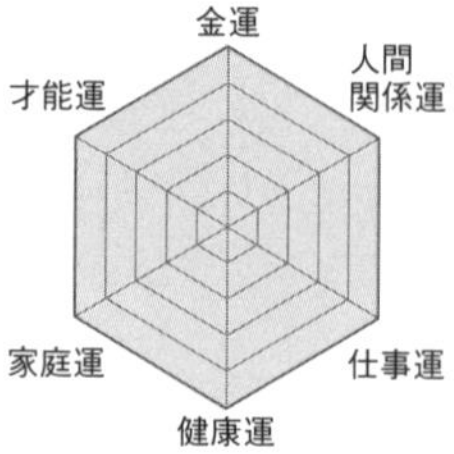

運トレ難易度

易・普・難

運上昇度

100%

運トレ時間

吉方位の月

運トレ
010
ひとまわり大きい鞄を使う

☑ **大きな鞄は幸運をたっぷり収納できる**

運のいい鞄とは、①容量の大きいもの、②素材とつくりがいいもの、③その年のラッキーカラー、④吉方位で手に入れたものです。「鞄は運の容《い》れ物。大きめが吉」と風水では考えます。そのため、なるべく大きいほうがいいのです。スーツケースやショルダーバッグなど、運のいい鞄を吉方位先で持ち歩くと幸運がどんどんまとわりついてくるので、旅行や外出にはひとまわり大きい、収納力のある鞄を用いましょう。さらに一流ブランド品など素材とつくりがしっかりしたものなら、自分自身の格も上がります。

逆に運の悪い鞄とは、古くて色あせたもの、壊れているもの、使いにくいもの。運ではなく、厄がつく恐れもあります。

物をパンパンに詰め込まず、大きい鞄で運が入る余白を。

運トレメモ

鞄の中身は小さなポーチやマルチケースなどで仕分けしておけば、バッグの中で迷子にならず便利。財布、鍵、カード、スマホ、ハンカチ、ティッシュなどきちんと整理整頓を。

各運の効果

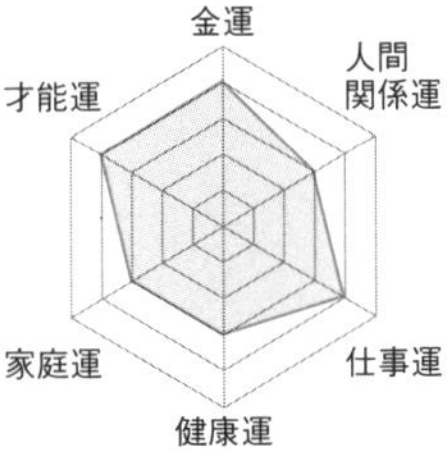

運トレ難易度

易・普・難

運上昇度

70%

運トレ時間

外出時

運トレ
011

神社仏閣を頼る

☑実は土地の神様が呼んでくださっている

神社仏閣巡りを楽しむのが開運の王道であり、「神様仏様と仲よく」が開運の合い言葉。まずは、あなたが住んでいる土地を守ってくださる氏神様を参拝しましょう。土地の親である神様にとって、あなたは氏子《うじこ》。まめに手を合わせれば「よく来たな」と顔を覚えられ、いざという時に守っていただけます。

名の知れた神社やお寺でなくてもいいですから、気になるところにぜひ行ってみましょう。何カ所参拝しても、さまざまな神様があなたを応援してくれます。よく浮気をすると、神様がやきもちをやくなどという人もいますが、それはまったくのでたらめです。神様はそんな心が狭くないですよ。神社仏閣に行ったら、御祭神と御由緒を確認してください。神様を知ることが仲よくなる第一歩です。

どんな神社仏閣でも、そこには神様が祀られた歴史がある。

運トレメモ

どこに行こうか迷っているならば、神様に「どうぞ呼んでください」とお願いを。本当に行くことができたら、それは神様のお計らい。ご縁をいただいたことに感謝して。

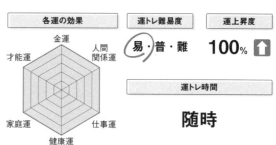

各運の効果

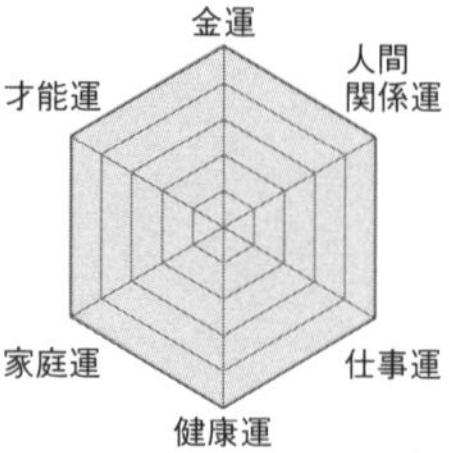

運トレ難易度

易・普・難

運上昇度

100%

運トレ時間

随時

運トレ 012

靴の減りが運の減りと考える

運の不足は靴を見れば一目瞭然

「不運は足もとに溜まる」と風水ではいいます。下駄箱を開けて、収納された靴を見てみましょう。かかとがすり減っている靴があるなら、それを履く人の運がすり減っているということです。靴が傷《いた》みやすいのは、足の裏から厄がにじみ出るから。また、靴のどの部分がすり減っているかも要チェック。「外側」「内側」「爪先」が極端に薄くなっていたり、左右の減り方が違う場合は、腰や股関節、膝《ひざ》、爪などに何らかのトラブルが隠れているかもしれません。

靴選びも運を大きく左右します。いい靴は長持ちするが、安い靴はすぐへたります。底の薄いサンダルや靴を履くと厄をうっかり踏みつけて足の裏に付着することがあるので、外出時は底が厚いしっかりした靴を履きましょう。

靴の減りは運のバロメーター。新調して運の補強を。

運トレメモ

外出先で気分や体調が今ひとつすぐれない時は、知らないうちに人の厄を踏んでしまった可能性がある。そういう時は帰宅してから浴室に直行し、足の裏を塩でもみ洗いを。

各運の効果

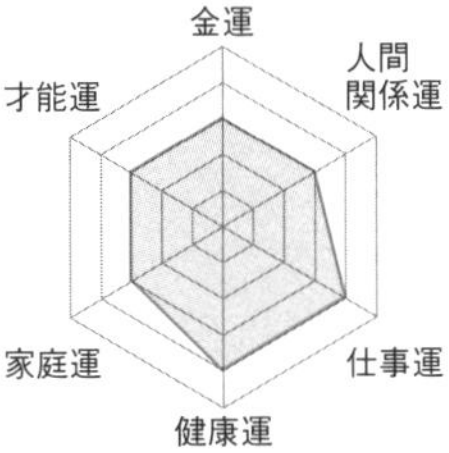

運トレ難易度

易・普・難

運上昇度

60%

運トレ時間

外出時

運トレ
013
運のためにお金を使う

☑ 無理に貯めるより楽しく使う

「お金は幸せになるための道具」と風水では考えます。道具を持っているから幸せなのではなく、道具を使って初めて幸せになるのです。どんなにたくさんお金があっても、使い道がなければ、「宝の持ち腐《ぐさ》れ」。子どもに残す方法もありますが、争いの種《たね》になることも。自分のお金は自分で使い切るのが一番いいのです。

貯金をすることは一見よいことに思えますが、実はお金を運に換金できていないということ。つまり、持っている運をすり減らしながら暮らしているということでもあります。過度な贅沢《ぜいたく》は禁物ですが、自分や家族の運を上げるために投資することが運を上げるためには必要不可欠。家具や食器を買う、吉方位旅行に行くなど、衣・食・住・遊・心のどれに使っても構いません。

自分が心から幸せを感じられるものやことにお金を使う。

運トレメモ

欲求不満を解消するための買い物はお金の無駄になるが、自分が幸せになるための投資なら無駄にならない。その際は目の前の欲か、未来への投資かを考えて使う。

各運の効果

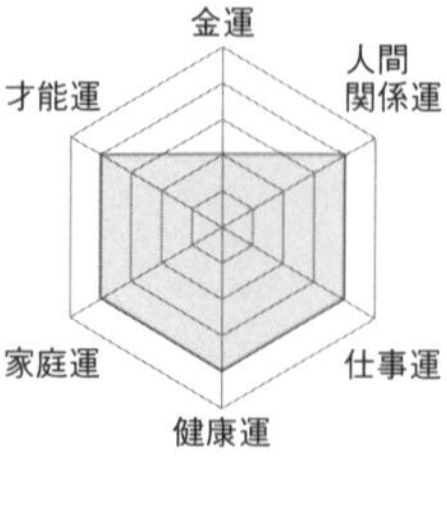

運トレ難易度

易・普・難（難に丸）

運上昇度

90%

運トレ時間

たまに

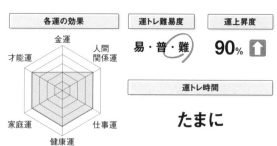

運トレ
014
運は寝室で育つ

寝室の環境をチェックする

風水の別名を「寝床学」といい、「寝ている間にいかにたくさん厄を落とすか」を考える学問です。人は睡眠中に体内から汚れた気＝厄を吐き出し、心と体をリセットするからです。翌朝すっきり目が覚め、「あー、よく寝た！」と気持ちよく伸びができるなら問題なし。「寝ても寝ても寝足りない」「すっきりしない」「憂うつ」というなら、厄がちゃんと落とせていないということです。

思い当たる人は、寝室の環境をチェックしてみましょう。①窓のある部屋で寝ているか、②寝具が自分に合っているか、③不要品を置いていないか。寝室の環境は重要ですから、まめに床に掃除機をかけ、水拭きすること。そして日中は窓を開けて換気し、夜は空気清浄機を活用しましょう。

「寝る子は育つ」は本当。寝ている間に心身が清まる。

運トレメモ

運トレは24時間年中無休。ベッドシーツや枕カバー、パジャマは毎晩厄を吸っているので、こまめに洗濯を。布団も晴れた日は干す。快眠できる環境づくりが運の差を生む。

各運の効果

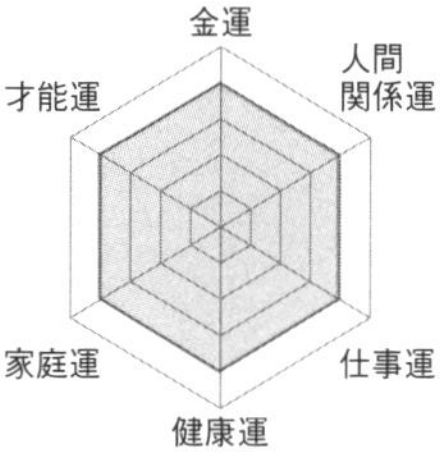

運トレ難易度

易・普・難（普に丸印）

運上昇度

90%

運トレ時間

毎日

運トレ
015 手や足で直に土に触れる

☑足から大地のパワーを吸収する

疲れがたまっていると感じたり、覇気がない時は大地のパワーが不足している状態です。そんな時は自然に触れられる場所に出かけてみることです。昼休みなどもオフィスにこもっているばかりではなく、近くを散歩してみてください。その際、靴と靴下を脱ぎ、裸足《はだし》になって公園の土や芝生など大地を踏みしめてみましょう。大地に触れることで、健康と根気のパワーをもらえます。

庭いじりやガーデニングでも大地のパワーは得られます。また花や植物の日々成長する姿を眺めることで心が癒《いや》されるうえ、季節を感じることができます。マンションの高層階に住む人は、ベランダで野菜やハーブを育てると大地のパワーが吸収できます。

公園の土や芝生の上で裸足になる。

運トレメモ

足裏には多くのツボがあり、そこを刺激すると血流など体の内部に多くの影響を与える。足は第2の脳といわれ、脳がしっかり動けば、当然活力が生まれ、アクティブになれる。

各運の効果

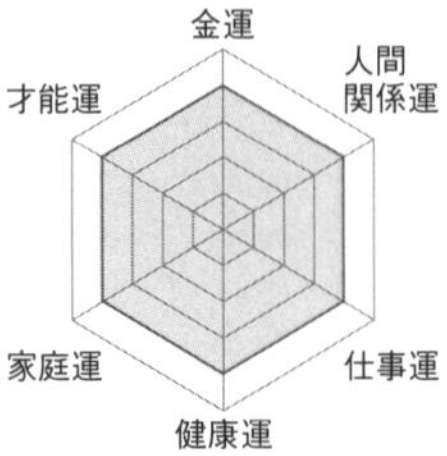

運トレ難易度

易・普・難

運上昇度

80%

運トレ時間

覇気がない時

運トレ 016

日本語で物事を考える

カタカナ言葉はすんなり心に届かない

「サステイナブル（持続可能な）」「コンプライアンス（法令遵守）」など、外来語を耳にする機会が増えています。でも「わかったようでわからない」という人も少なくないのではないでしょうか？ 馴染《なじ》みのある日本語なら言葉の持つ意味が肌で理解できても、外来語は耳慣れないカタカナ言葉であり、いったん耳の外ではじき返され、慣れるまでに時間がかかるのです。「ハッピー」よりも「幸せ」のほうが、心にストンと落ちるでしょう。

「未熟者は目新しい外来語を使いたがり、達人は7歳の子どもにもわかる日本語を使う」と風水ではいいます。理解してほしい、説得したいという時は、みんなが知っている日本語を使うのが得策です。

心情や大切なことほど日本語で考えるクセをつける。

運トレメモ

一年の世相を表す漢字など、漢字はたった一文字でもさまざまな意味を持ち、文字そのものにパワーが宿っている。漢字や熟語を知ると、開運にも勉強にもなる。

各運の効果

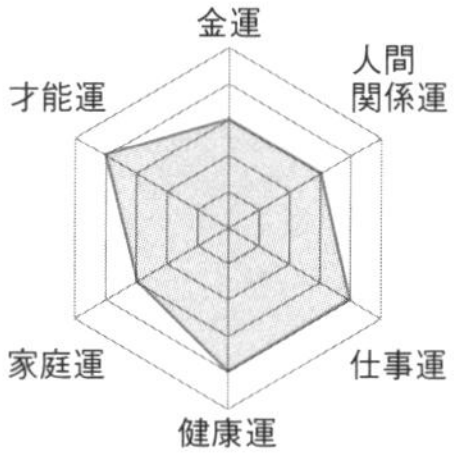

運トレ難易度

易・普・難

運上昇度

70%

運トレ時間

随時

運トレ
017

喜びの感情はオーバーリアクションに

楽しそうな表情をつくると相手と気持ちが通じ合う

運はスムーズな流れに乗ってやりとりされ、少しでも引っかかるとそこで滞《とどこお》ってしまうもの。コロナ禍ではマスク生活だったため、表情がわからなかったり相手の言葉が聞き取りにくかったりとコミュニケーションに困難が生じてストレスとなりました。それでは運のやりとりはうまくいくはずがありません。

同様に滑舌《かつぜつ》が悪かったり、眉間《みけん》にしわを寄せて不機嫌そうに話すと、相手に不安感や嫌悪感を与えます。声の大きさとトーンを少し上げ、はっきり話しましょう。目は口ほどにものをいうので、少しオーバーでもいいから照れずに大きな笑顔をつくったり、身ぶり手ぶりを加えると、さらにこちらの気持ちが通じやすくなり、運の交流は活発になります。

表情と身振り手振り、仕草が、よきコミュニケーションのコツ

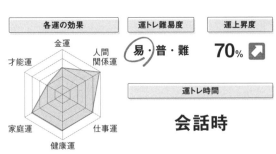

運トレメモ

コミュニケーションにおいて顔の表情はとても重要。また声のボリュームや高低だけでも印象が変わる。特に最初の一言目と語尾をはっきり発声すると元気よい印象を与える。

各運の効果

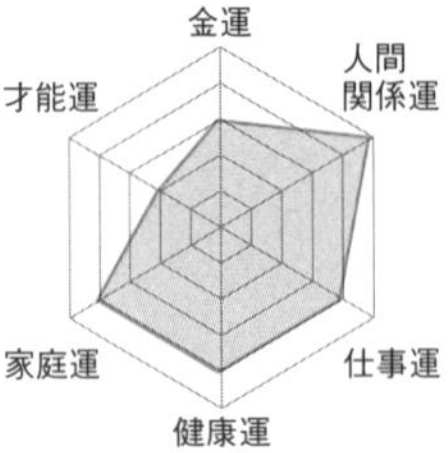

運トレ難易度

易・普・難

運上昇度

70%

運トレ時間

会話時

運トレ

018

感謝の心で幸せのおすそ分けをする

睦み合い、許し合い、助け合う

人間関係は大自然と同じく、あなたを包む大きな環境です。むやみに和を乱したり対立するとしっぺ返しを受け、最終的には自分が傷ついて損をすることになります。風水では、「睦《むつ》み合い、許し合い、助け合う」を人間関係の理想の姿と考えます。この3つを心がけていれば自分を取り巻く人間関係がよくなり、いいことに恵まれて、快適な人生が送れるようになります。

「ここまでこれたのは自分が頑張ったから」とあぐらをかいていると、手に入れたものを失うことに。これは神様があなたの行いを見て、「じゃあ、自分の力で一からやってごらん」と試されているのです。幸運を得た時こそ、神仏やまわりの人に「ありがとう」と感謝して、幸せのおすそ分けをすることです。

人間関係の3つの極意で、ずっと生きやすくなる。

運トレメモ

利益を独り占めすると幸せは逃げていくもの。そうなると、利益以上の損失を被ることに。感謝の気持ちを持つと、縁が強化され、さらなる運が生まれる。

各運の効果

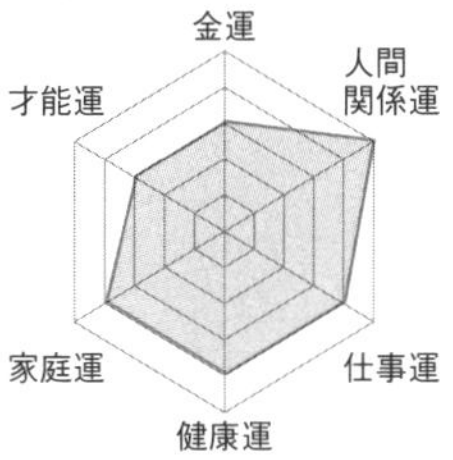

運トレ難易度

易・普・難（難に丸印）

運上昇度

90%

運トレ時間

幸運を得た時

運トレ
019
鏡をピカピカに磨く

☑ 心の目が曇り、真実が見えなくなる

鏡は毎日活用する身近なものであると同時に、不運をはじき、運気を呼び寄せ、足りないものを補い、さらにパワーアップしてくれる開運アイテム。洗面所や浴室、玄関にある鏡が、もし曇《くも》っているなら、その家に住む人の心も曇っているということに。放置すると勘が鈍《にぶ》って大事な決断の時にミスをしたり、自分の本心がわからなくなったり、人のウソが見抜けなくなります。「気迷いが多い」「人の口車に乗ってしまう」「だまされやすい」というなら、鏡をピカピカに磨きましょう。曇りが取れるにつれ、気持ちも頭もスカッと晴れてきます。そして、きれいな鏡に向かって「今日もいいことがある!」「私はツイてる!」と笑顔で声に出す習慣をつけると、本当にその通りになっていきますよ。

鏡が曇っていると、映った自分の心も曇ってくる。

運トレメモ

玄関の鏡は設置する位置によって運気が変わる。玄関を入って左側の鏡は金運アップ、右側の鏡は出世運や交際運など人間関係の運気がアップする。

各運の効果

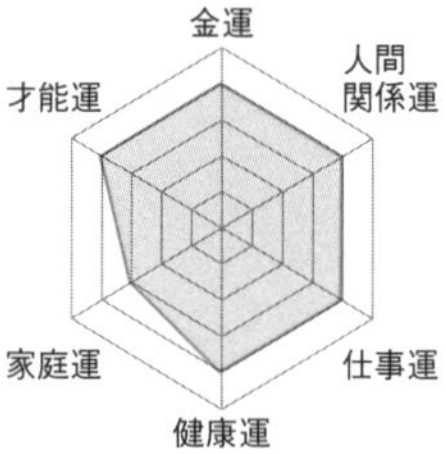

運トレ難易度

易・普・難

運上昇度

70%

運トレ時間

随時

運トレ

020 心に余裕がない時こそ掃除する

弱った魂にカツを入れ、心を安定させる

運は健全な肉体と魂に宿るため、心に余裕がなくなると、運が入るスペースがなくなってしまいます。心に余裕を持たせるには、ふわふわ浮き上がった魂を沈めて落ち着かせる鎮魂《ちんこん》（たましずめ）と弱った魂を揺さぶって元気づける魂振《たまふり》をしてみましょう。やり方は簡単です。「神社仏閣で手を合わせ、守られていることに感謝する」「家の掃除をする」「祝詞《のりと》やお経を上げる」。どれかひとつ実行するだけでも鎮魂と魂振が同時にでき、魂が元気になります。

掃除をしたあとに何ともいえない充実感と高揚感が湧くのは、物をあるべきところに戻す＝鎮魂と、体を動かす＝魂振が同時に行われたから。掃除は厄を落として魂を安定させます。

視野が狭く、心にゆとりがないのは運気の落ち始め。

運トレメモ

ずっと不安を抱えたままでいると神経が過敏になり、イライラしたり、ささいなことで腹が立つ。これは心に余裕がなくなっている証拠。掃除で気持ちを落ち着かせて。

各運の効果

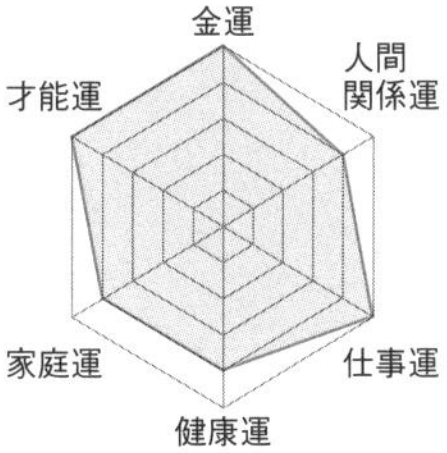

運トレ難易度

易・普・難

運上昇度

80%

運トレ時間

イライラしている時

運トレ 021

歌いながら掃除をする

歌い終わるころには心も部屋も浄化が終了

歌をうたうのは開運アクションです。声を出すと脳が活性化するだけでなく、体内の厄が吹き飛んだり、空気が振動して停滞していた運気に動きが出るからです。

一番のおすすめは、大声で歌いながら家事をすること。ストレスが発散できますし、歌うことに気を取られ、面倒な床拭きや皿洗いが苦にならなくなります。アップテンポな曲はとんとん拍子に作業が進み、しみじみした歌はじっくり作業に打ち込めます。家に自分ひとりしかいないなら、たとえ音痴でも歌詞を間違えても平気。面倒くさいと思いながら掃除や料理をするより、歌いながらのほうが楽しいし、あっという間に作業が終わりますよ。また、カラオケをうたったり、鼻歌をするのもおすすめです。

楽しくノリノリの歌をうたえば、厄を吐き出し、運を呼び込む。

運トレメモ

歌の種類は何でもOK。学生時代によく聴いていた曲は当時の活力ややる気がよみがえる。また、今流行している曲はひらめきや才能運がアップする。季節に合った歌も吉。

各運の効果

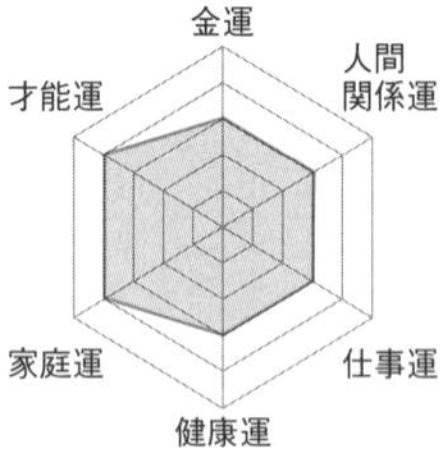

運トレ難易度

易・普・難 (易)

運上昇度

80%

運トレ時間

家事をする時

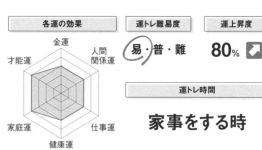

運トレ 022
小掃除を習慣化すれば3カ月で慣れる

☑大仰に考えず、できることから始めればいい

「掃除で運気を変えるなんて、なまけ者の私には無理！」という人がいます。掃除は運気を整える最善の方法ですが、毎日掃除するのは到底無理と考えがちです。でも、大丈夫。現状維持バイアスを変えてしまえばいいのです。バイアスとは、偏《かたよ》った先入観のこと。人は誰でも「現状を変えるのが面倒くさい」という本能を持っています。リスクを恐れ、よくも悪くも生活習慣を変えたがらないのです。

でも、「習慣は約3カ月で変えられる」と風水では考えます。最初は面倒でも、少しずつ掃除する習慣をつけると、それが当たり前のことになります。毎日大掃除をする必要はなく、「今日はトイレだけ」「今日は玄関だけ」と小掃除の習慣をつけると、3カ月後にはやらないとむずむずするようになります。

たまの大掃除より毎日の小掃除を。

運トレメモ

「三日坊主」ということわざ通り、まずは3日続けることを目標に始めてみる。3日続けたら、次は3週間、そして30日、そうすれば3カ月が見えてくる。3カ月続けば、習慣になる。

各運の効果

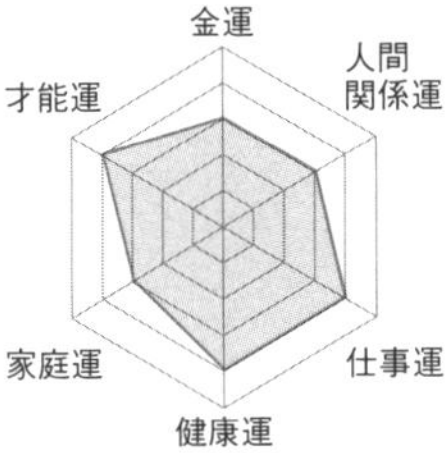

運トレ難易度

易・普・難（難に丸印）

運上昇度

90％ ⬆

運トレ時間

3カ月間

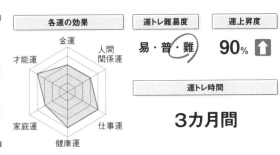

運トレ
023

ネット情報を遮断する

生きた最新情報はお金で買えない宝物

今の時代は仕事＝情報戦といっても過言ではありません。いかに情報を得るか、情報をもたらしてくれる人を獲得するかで業績に大きな差がつきます。

ただし、情報は有益なものばかりとは限りません。特にネットの情報は簡単に、しかも早く集められますが、玉石混淆《ぎょくせきこんこう》でウソやフェイクも多数混じっています。誹謗中傷ややっかみも多く、厄がついていると考えられます。

そうはいっても、ネット情報は次から次へと入ってくるもの。それを防ぐには自ら遮断するしかありません。情報に惑わされることを防ぎ、運不運を情報に左右されないためにも、便利さから一歩身を退《ひ》いてみることも大切です。本当に必要な情報、確かな情報を得る目を養うことにもつながります。

勝手に届く情報には厄がついている。

運トレメモ

確実な情報はリアルな人の声であり、特に当事者がもらす一次情報はとても貴重。もし誰かがあなたに価値のある情報をくれたら、感謝の気持ちをきちんと形で表して。

各運の効果

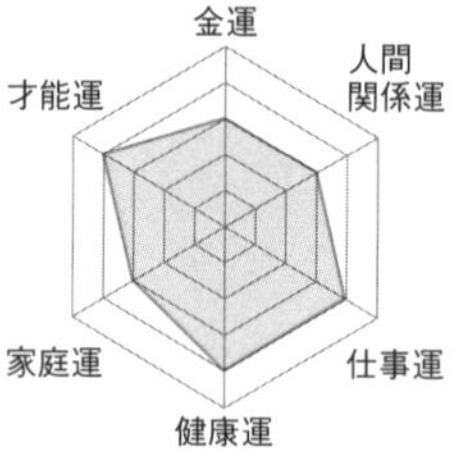

運トレ難易度

易・普・難

運上昇度

70%

運トレ時間

たまに

運トレ
024
1日の運気は朝で決まる

☑ 朝の過ごし方ひとつでその日のツキが変わる

風水では「運気は朝変えよ」といいます。人は夜眠っている間に厄を落とし、身も心もリセットされた状態で朝目が覚めます。つまり、起き抜けは「無垢《むく》」「純白」の状態ということ。その日の運が何色に染まるかは、身につける服で決まります。たとえば赤い服を着たら「自分にカツを入れたい」、ブルーの服なら「冷静になりたい」ということ。その日に必要な運気を、自分で無意識のうちに選択しているのです。

朝起きたら寝室の窓を開け、「おはよう、今日も幸せになるぞ！」と声に出しましょう。さらに「今日はどんないいことがあるかな？」と自身に問いかけてください。朝一番に自分に言い聞かせる言葉は、その日の目的になるからです。

朝一番に考えることは、無意識に必要な運を選んでいる。

運トレメモ

顔を洗う時に、鏡に向かって「おはよう!」と笑顔で話しかける。出かける時は玄関先で室内に顔を向けて「いってきます」と家にあいさつを。家の運気が体にも備わる。

各運の効果

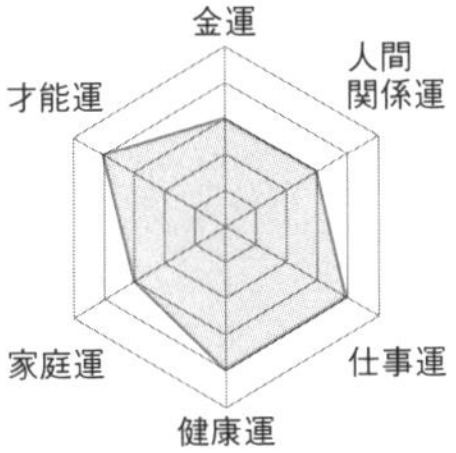

運トレ難易度

易・普・難

運上昇度

80%

運トレ時間

毎朝

運トレ
025
朝食に好物を食べる

☑ 朝食のメニューは運気を上げる食材を

運気は気持ちに左右されます。朝の不機嫌は不愉快な出来事を呼びやすいので、好きな香りの歯磨きを使ったり、朝食は好物のメニューにするなど自分の機嫌を取ってください。

特に朝食はその日一日の運気を決める重要な要素です。時間がないからと朝食抜きで出かける人もいますが、体にも運にもカツが入らないのでNG。金運を上げたいならチキンや卵、長丁場になりそうな日は根菜類など、必要な運が取れる食材を選びましょう。元気と勇気がほしい日はトマトや梅干しなど赤くて丸い食材、人間関係をよくしたい日は麺類、乳製品。直感を高めたい日はオムライスやシーフードサラダ、頑張りたい日は白いご飯をしっかり食べてください。

一日中、気分のいい日にするために朝食で気分を上げる。

運トレメモ

着替えずにパジャマのまま朝食をつくってはいけない。人は寝ている間に体内にたまった厄を吐き出すので、パジャマのままでは料理の中に厄が入ってしまうことに。

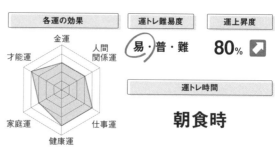

各運の効果

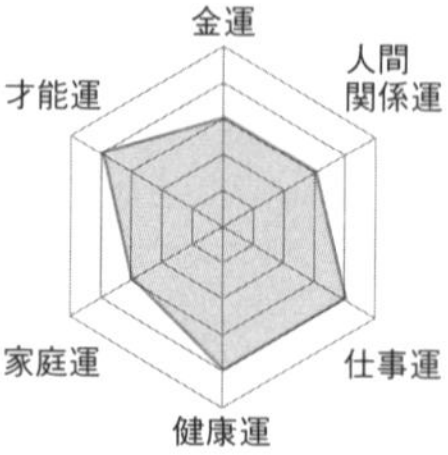

運トレ難易度

易・普・難

運上昇度

80%

運トレ時間

朝食時

運トレ
026
手書きの手帳をつける

血流が増して脳が活性化し、もの忘れや認知症の予防に

スマホで簡単にスケジュール管理できる時代ですが、風水では手書きの手帳を使うことをおすすめします。字を書くと脳の血流量が増して活性化し、もの忘れや認知症の予防になるからです。「今日はどこで何を食べたっけ？」など記憶をたどると脳の記憶器官である海馬《かいば》が活発に働きます。

手帳に書き込むのはおもに先の予定であり、将来の計画を立てるのは開運につながります。スケジュールのほかにも、いいことがあった出来事をメモしておけば、運の記録にもなります。「この人に会ったらよいことが起きた」「この服を着て出かけたらよいことが起きた」など。手帳に夢を文字で表現するとツキが上がります。反対に愚痴や悪口は書かないこと。厄の原因になります。

手書き手帳で、あなたのオリジナルの運管理を。

運トレメモ

手帳はスケジュール帳、メモ帳、日記とさまざまな用途を持つ。筆記用具は手に馴染んで書きやすいものを選び、手帳のボディカラーはその年のラッキーカラーを選ぶのがベスト。

各運の効果

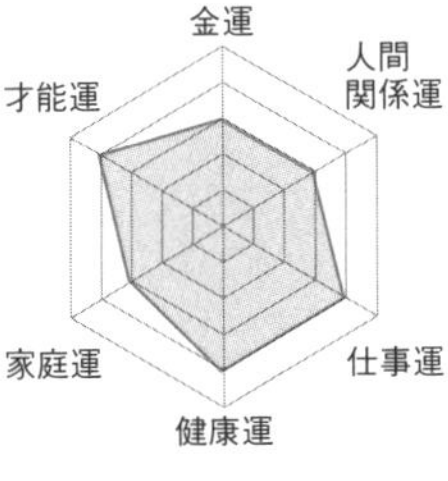

運トレ難易度

易・普・難

運上昇度

80%

運トレ時間

毎日

運トレ
027
財布を新調する

財布の内側の黒い汚れはお金からにじみ出た厄

風水では「財布はお金の家」と考えます。家の居心地が悪ければ、すぐに出ていくし、反対に居心地がよければ長居をしてくれるだけではなく、友だちであるお金をたくさん連れて来てくれます。つまり、財布は金運を左右する重要なアイテムなのです。

「お札《さつ》を補充しても財布に居着かない」というなら、財布を開けて中を見てみましょう。お札を入れる部分が黒く汚れているはずです。これは、お札についた厄。お札にはそれを手にする人たちのさまざまな想念が付着しますが、いい想念とは限りません。「だまされた」「くやしい」「腹が立つ」などのネガティブな思いも少なくないのです。汚れを拭き取って使うか、新品に買い換えましょう。

財布の寿命は長くても3年が限度。

運トレメモ

財布を新調するのは9月9日の重陽の節句からがベスト。金運が安定するには黒、茶、ベージュ色の財布を選んで。札入れのスペースに黄色とラベンダー色の紙を入れておく。

各運の効果

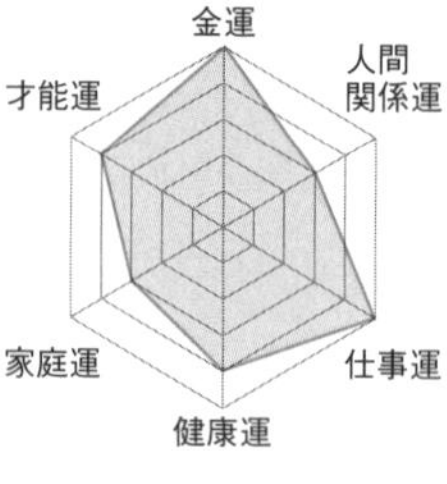

運トレ難易度

易・普・難（普に丸印）

運上昇度

70%

運トレ時間

9月9日（重陽の節句）

運トレ

028

古い財布を成仏させる

☑粗塩と清酒で清めてから捨てれば大丈夫

財布を新調した際、それまで使っていた財布を捨ててしまってもよいか悩みどころです。財布には「お金の記憶」が残っています。そのため、すぐに捨てずに北側の部屋で保管用財布にすると、家に金運をもたらしてくれます。特にお金回りがよかった時の財布や特別な思い出のある財布はずっと取っておきましょう。

逆にあまり金運のなかった財布は、やがてゴミになってしまいます。「そろそろ処分したい」「保管スペースがない」というなら処分しましょう。しかし、普通のゴミとして捨てるのはやめてください。処分方法は、「今までありがとう」といいながら粗塩と日本酒をパッパッと財布に振りかけ、布で包んでしっかり縛ってから、自治体のゴミの捨て方に従って捨てましょう。

不要になった財布は感謝のお礼を込めて処分を。

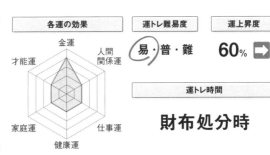

運トレメモ

財布に限らず、思い出の品や縁起物を捨てる時も同様。塩と酒で厄を落とし、「ありがとう、お世話になりました」と感謝して供養すれば、物についた厄をかぶらずにすむ。

各運の効果

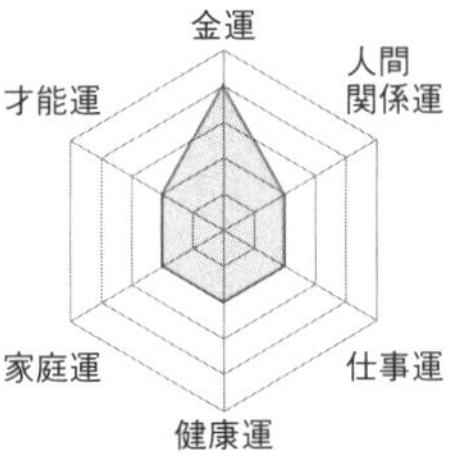

運トレ難易度

易・普・難

運上昇度

60%

運トレ時間

財布処分時

運トレ
029

湯船の湯はケチるな

☑お湯に混じって自分の厄も勢いよく外にあふれ出る

あなたの家では浴槽にどのくらいお湯を張りますか？「水道代節約のため、6～8分目くらい。浴槽に浸《つ》かると、水面がちょうど縁《ふち》すれすれにくるくらいの量」という人が多いのではないでしょうか。

風水では「お湯はなみなみと張れ」といいます。体を沈めた時に浴槽からザーッとお湯があふれますが、実はこの時、体内の厄も一緒にあふれ出ているのです。入浴後、心と体が軽くなっているのにびっくりするかもしれません。ストレスが溜まってイライラする時、疲れがなかなか取れない時は大量のお湯を張って、贅《ぜい》沢《たく》に。体を沈める際に思わず出る「うわああ」の声とともに厄が出て、本当にすっきりしますよ。

過度な節約は運を減らす。贅沢な湯量が開運のコツ。

運トレメモ

入浴後の浴槽の湯をそのままためておくのはNG。また洗濯に使用するのもやめたほうがいい。使う場合は粗塩を浴槽に振り入れて、夜のうちに洗濯機にお湯を移すこと。

各運の効果

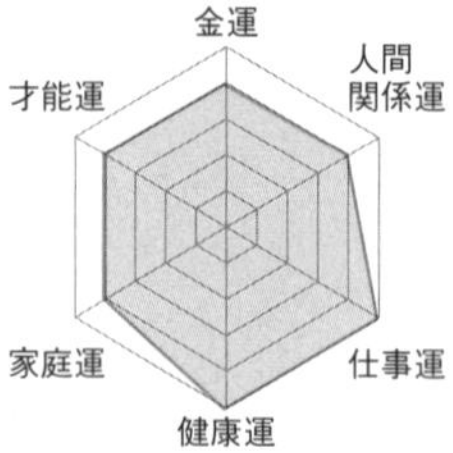

運トレ難易度

易・普・難（易）

運上昇度

75%

運トレ時間

入浴時

運トレ 030

ファッションやメイクを変える

新しい自分を表現するのに照れや気後れは不要

いつも同じような服装や髪型、メイクをしていませんか？　もしそうなら、思い切ってイメージチェンジしてみましょう。つけたことのないような派手なアクセサリーをつける、めったにスカートを履《は》かないなら履いてみるなど、違う自分を演出するのです。「みんながどう思うか」などと思わなくてＯＫ。人の目を気にするより、自分がウキウキすればそれでいいのです。

髪型やファッションが変わると心のあり方が変わり、気づかなかった自分が表に出てきます。ラッキーカラーをワンポイントでも取り入れれば、ツキも上がります。また、運は華やかな色が好き。モノトーンはセンスよく見えるが、運にとっては魅力のない色です。

運を活性化するには、新たなファッションを試してみる。

運トレメモ

仕事などでファッションを自重しなければならない場合は、時計やアクセサリーなどの小物やアンダーウエアなどの見えない部分のオシャレをすると、運が上がる。

各運の効果

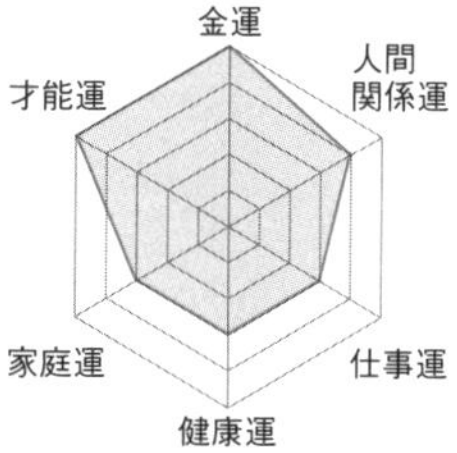

運トレ難易度

易・普・難

運上昇度

80%

運トレ時間

外出時

運トレ
031

毎年の開運キーワードにチャレンジする

☑ その年のキーワード、ラッキーカラーとは？

２０２４年の辰年のキーワードは、「早い」「若い」「清まった財産」「理想の自分」です。コパは「早い」「若い」のキーワードにおいては、積極的にＳＮＳを駆使しています。Ｘ（旧ツイッター）、ＦＢ（フェイスブック）は以前からやっていましたが、ティクトックの動画配信を始め、ライブも配信しています。こうしたツールを駆使することで、さまざまな年代の方と交流でき、若い人にコパ風水と神様との付き合い方をいち早く伝えられています。また、「清まった財産」については、銭洗い神事でお金を清めています。コパにとって「理想の自分」とは風水と神様をわかりやすく伝える人ですので、そのことを考え、実行に移しています。このように開運キーワードから、自分の行動、考えを変えていくのです。

毎年変わる開運キーワード、ラッキーカラーを楽しむ。

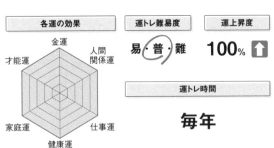

運トレメモ

コパは過去にも、旅行が開運の年は吉方位旅行を重ね、踊りの年はダンスに挑戦。毎年、自宅の門扉をその年のラッキーカラーに塗り替える。その年の開運を楽しんでいる。

各運の効果

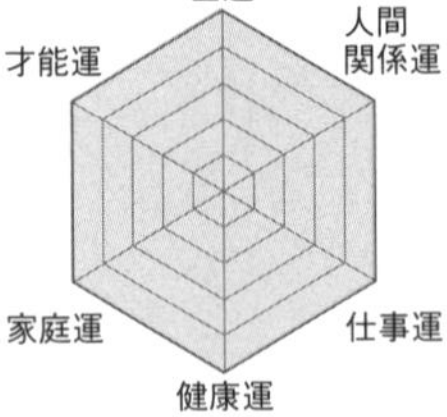

運トレ難易度

易・普・難（普に丸印）

運上昇度

100%

運トレ時間

毎年

Chapter 2

神様のご加護を得る運トレ9

大きな夢も小さな成功も、神様にとっては同じ一つの願いです。ならば、途轍もないほどの夢を神様に願いましょうよ。ただそれにはその人の覚悟が伴います。これ、実は成功している人がやっている極意です。

この世の成功は、
神様に好かれた者
勝ち

神様仏様と友だちになる

運トレ
032

☑手を合わせて祈るだけで見守りが手厚くなる

神仏と親しくなることが、“究極の運トレ”といっても過言ではありません。神様仏様に好かれる行いをしていれば、さまざまなシーンで助けてくれたり、幸運を恵んでくれたりとご加護を感じることができます。

では、どうすれば親しくなれるでしょうか。

別に難しいことはありません。日ごろから神社を参拝したり、ご先祖様のお墓参りをしたり、自宅に神棚や仏壇をお祀《まつ》りして日々手を合わせればいいのです。

神様やご先祖様は怖れおののく存在ではなく、私たちを温かく見守っている存在。それに恥じない生き方をすればよいのです。そうすると、「自分はひとりで生きているのではなく、神様や仏様とつながり、見守られている」と意識することができます。

神様仏様を意識することで、正しい道を歩ける。

運トレメモ

神様と仏様の違いは深く考えなくてOK。神道では神様、仏教では仏様と呼ぶだけで、太陽をお天道様と呼ぶかお日様と呼ぶかの違い。ちなみに仏様にはご先祖も含まれる。

各運の効果

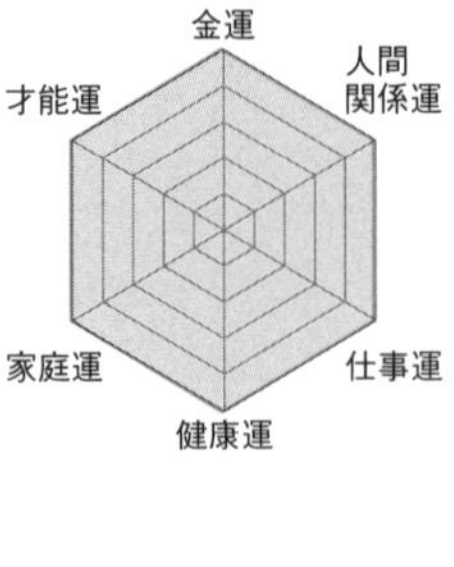

運トレ難易度

易・普・難（普に丸）

運上昇度

100%

運トレ時間

随時

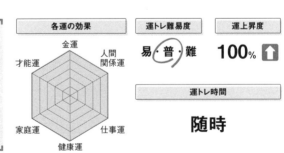

人の目よりも天を気にする

運トレ 033

相対的なものより絶対的なものに価値を置く

「人を相手にせず、天を相手にせよ」という言葉を残したのは、幕末から明治前期に活躍した軍人、政治家の西郷隆盛です。「天」を大自然、宇宙、神様に置き換えてもいいでしょう。人と自分を比較してがっかりしたり優越感に浸《ひた》るのは意味のないこと。「人は人、自分は自分でわが道を行けばいい。それよりもっと大きなものに目を向けて、自分の本分に邁進《まいしん》しなさい」という意味が込められています。

大事なのは、相対的な価値より絶対的な価値です。人の目を気にするより、神様から見られていることを常に意識していれば迷いがなくなり、ありのままの自分で生きられるようになります。周りにはたくさんの人がいて、その誰かに合わせようとするから、ブレて迷うのです。しかも、その人が正しいとは限りませんよ。

心に神仏を宿せば、迷いがなくなり、ブレなくなる。

運トレメモ

神様は一人ひとりの心の中にも存在するので、日ごろから話しかけてみて。夢や希望、願い事も聞いてくれるし、悩みや相談事、愚痴、イライラをぶつけても問題なし。

各運の効果

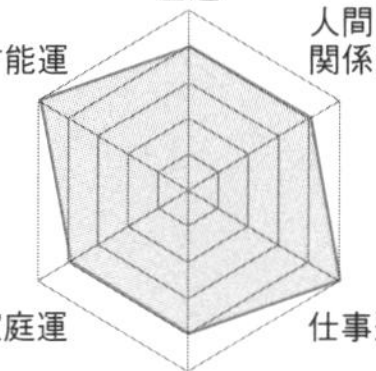

運トレ難易度

易・普・難

運上昇度

90%

運トレ時間

随時

日を決めて神社の参拝をする

運トレ 034

決まった日に参拝することで、神様から信頼を得る。

☑ 定期的に通えば神様が顔を覚えてくれる

神頼みにはちょっとしたコツがあります。やり方は簡単。行き当たりばったりに参拝するのではなく、毎月、日にちを決めて足を運ぶのです。

神様は、規則正しい行動をする人間を好みます。地元の神社に規則正しくお参りし、神様にあいさつをしましょう。毎週○曜とか、毎月○日と○日とか、参拝するスケジュールをきちんと決めて神様に約束をし、そのとおりに実行することが大切です。

神社では1日と15日に月次祭《つきなみさい》が定例的に執《と》り行われます。「月次」とは、「毎月毎月繰り返し行う」という意味です。自宅の神棚の榊《さかき》を、この日に取り替える人も多いでしょう。たまに行く人より、定期的にずっと通い続ける人のほうが顔が覚えやすいのは、人も神様も同じです。

運トレメモ

困った時の神頼みはなかなか通用しないもの。日ごろからの神様とつながりを持つことで、お願いを聞いてもらいやすくなるし、自分もお願いしやすくなる。

各運の効果

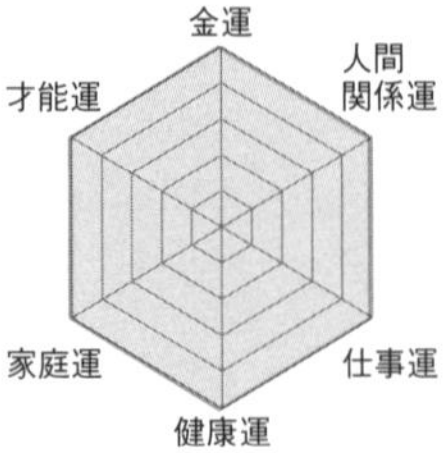

運トレ難易度

易・普・難

運上昇度

100%

運トレ時間

自分で決めた参拝日

新しい夢を叶えたいなら 古い願をほどく

運トレ
035

☑古い願いに新しい夢を上書きする

神様に祈願したことは時間を越えても、神様はきちんと覚えています。でも、その夢がすでに不要なら、願ほどきをしてください。「神様、なかったことにしてください」と告《つ》げて初めて古い願いがクリアされ、次の願いが神様に届きます。

叶った夢は「○○という祈願を成就《じょうじゅ》することができました。ありがとうございました」とお礼をし、叶わなかった夢でも「祈願いたしました○○につきまして、力及ばず、成就するに至りませんでした。神様のお手を煩《わずら》わせ、お世話をおかけしました」と報告するのがよいでしょう。必要でなくなった祈願では、「○○という夢に関しましては、自分なりに結論が出ましたので、もう大丈夫です。ありがとうございました」と願ほどきをしてから、新たな祈願をしてください。

願ほどきをしてから、新たな願いを祈願する。

運トレメモ

古い願いや叶った願いの願ほどきは、あなたの夢や希望を常にアップデートすることにもつながる。神様との対話で自分の心の整理もつく。

各運の効果

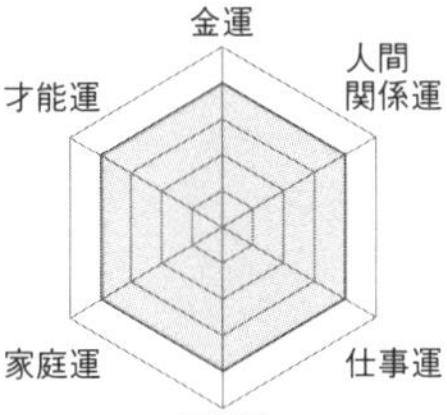

運トレ難易度

易・普・難（普に丸印）

運上昇度

80%

運トレ時間

参拝時

願い事は欲深く

運トレ
036

☑ 赤ちゃんのように素直にお願いしていい

「神社では個人的なお願い事をするより感謝しなければいけない」という説がありますが、それは逆。素直な気持ちでどんどんお願いしてよいのです。人間は、いわば神様の子ども。私たちが境内《けいだい》に入るやいなや「よしよし、今日は何かな？」としっかり耳を傾け、どんな願いもふところ深く受け入れてくださいます。また願い事は、欲深くても不純なことでも構いません。神様の前で見栄を張ったり、格好つけても無駄。自分が心から願うことを素直に告げましょう。

祈願の際は、感謝、次にお願い事、最後に感謝と、感謝の間に願いを挟み込むのがコツ。ただ祈願しても、すぐに叶うとは限りません。でも、それにも必ず意味があります。「まだそのタイミングではない」「実力不足」「手に入れても支えきれない」「逆に不幸になる」など、その裏には神様からの深いメッセージがあるのです。

神頼みしても叶わない夢は叶わなくていい夢

運トレメモ

困った時だけ神頼みする人より、日ごろから定期的に通っている人のほうが願い事を聞いてもらいやすい。それでもダメなら、「叶わないのにはきっと何らかの意味がある」と考える。

各運の効果

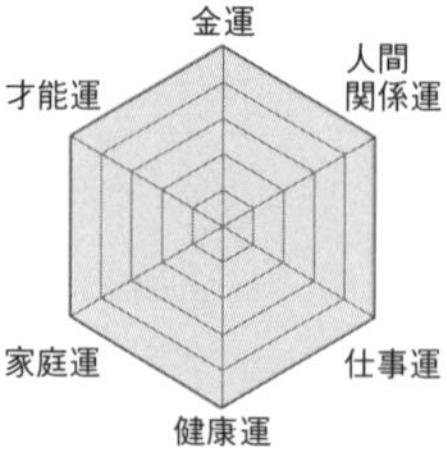

運トレ難易度

易・普・難（易に丸）

運上昇度

100％ ↑

運トレ時間

参拝時

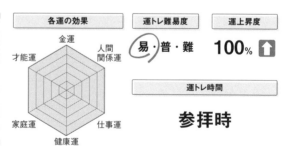

10月のうちに翌年の祈願書を書く

運トレ 037

初詣でその年のことをお願いしたのでは遅すぎる

多くの人が年始の初詣において、その年の願い事をするでしょう。しかし、翌年の運気は前年の10月にはすでに流れ込んできているため、叶えたい夢や願いがある場合は初詣ではなく、10月のうちに祈願書を書いて参拝をする必要があります。

祈願書とは、来年叶えたいこと、達成したいことなどを紙に書いたもの。書き方は便箋に手書きで、住所、氏名、生年月日、そして気持ちを込めて願い事を記入します。願い事はいくつ書いても構いません。同じもの2通用意し、2通とも持って神社に参拝します。祈願書は神社に提出する必要はありませんので、そのまま持ち帰り、1通は神棚や金庫、引き出しなどに保管し、もう1通は手帳に挟んだり、カバンに入れるなどして毎日持ち歩きましょう。

祈願書はあなたの決意表明であり、神様との約束事。

運トレメモ

伊勢の神嘗祭（10月15日～17日）のころを翌年の祈願祭と位置づけて参拝を。翌月の11月24日までに再度神様に祈願し、翌年2月11日に願いの追加や修正をすること。

各運の効果

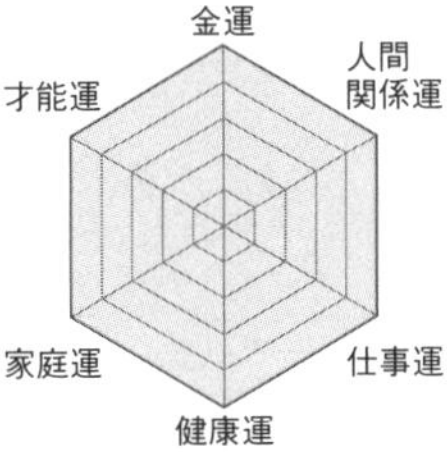

運トレ難易度

易・普・難

運上昇度

100%

運トレ時間

10月15～17日

運トレ 038

銭を洗う

☑ お金についた厄が落ち、持つ人の金運も上がる

お金には「人の欲」という厄がつきます。厄にまみれたお金を無自覚に使うと衝動買いや無駄遣いをしたり、不良品を買ってしまったり。それを防ぐには、お金を清めてから使うことです。お金の清め方は、銭洗いができる弁財天《べんざいてん》などの神社へ行き、持参したお札《さつ》や硬貨を備えつけのざるに入れて水をかけて清め、そのあとハンカチでさっと拭いて持ち帰ります。

銭洗いに適した日は、弁財天の縁日である巳の日。特に60日に1度巡ってくる己巳の日は格別に縁起がよいですし、寅の日や辰の日もお金にまつわる吉日です。

銀行口座にも厄がつきやすいです。お金は汚いところには居着けないため、入ってもすぐ流れてしまいます。そうならないためにも、お金が振り込まれたら、その1割程度のお札をいったんおろし、銭洗いをしてください。

銭洗いで厄を落とせば、ミスやトラブルが予防できる。

運トレメモ

銭洗いのできる神社仏閣に行けない時は、自宅でも銭洗いができる。水道の蛇口から水を流し、お札の端を少し濡らし、水分を拭き取ってからラベンダー色の封筒に入れる。

各運の効果

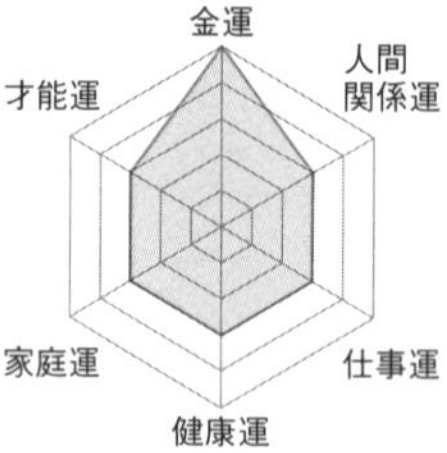

運トレ難易度

易・普・難

運上昇度

90%

運トレ時間

巳の日、寅の日、辰の日

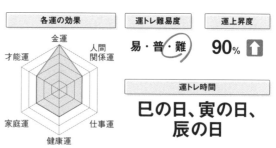

お守りに夢を吹き込む

運トレ
039

お守りを生かすにはちょっとしたコツがある

お守りは昔から守札とも呼ばれ、神様の力が宿ったものを身近に置くことで身を守るアイテムです。

そのお守りを授かる際にコツがあります。まず、お守りは神社の御殿に手を合わせる前に購入してください。参拝の時に神様にお守りを見せることで、それがあなたのお守りとなるからです。もし参拝後にお守りを購入したならば、すぐにお守りを握りしめ、あなたの願いを唱えて念を込めましょう。すると、あなたのお守りに変化して、神威が発動し始めます。

お守り自体に神社の祈禱が施されていますが、それはあくまでも万人に対してのもの。購入したばかりのお守りは、相手を特定していない運の容《い》れ物です。そこにあなたの願いを込めることで、初めて本当のパワーを発揮するのです。

お守りは夢や願いを込めて初めてパワーを発揮する。

運トレメモ

授かったお守りは、引出しやカバンの中に入れっぱなしにしないこと。日ごろから手に取る、握る、念を込めるなど触れることが大切。そうすることで受験や大一番で力が発揮される。

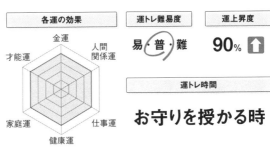

各運の効果

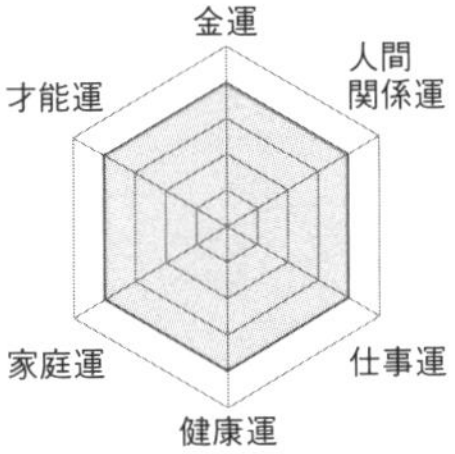

運トレ難易度

易・普・難

運上昇度

90％ ↑

運トレ時間

お守りを授かる時

お守りを神棚に置く

運トレ
040

お守りの効力を感じたら、神棚で休ませる

お守りは神様とのつながりを肌で感じられる、頼もしくてありがたいアイテムです。カバンやバッグに入れて持ち歩くのはもちろん、受験や面接など大勝負の時は、事前に取り出してギュッと握りしめましょう。「心が落ち着いて実力を発揮できた」「とんとん拍子に事が運んだ」となったら、帰宅後に神棚にのせて感謝し、休ませてください。神様パワーが充電され、また力を発揮してくれます。神棚がないなら、家の中心や西か北西か北に保管しましょう。

合格祈願や安産祈願など短期間のお守りは結果が出たら、神社に行ってお礼参りをし、お守りは神社に納めて供養する「お焚き上げ」をしましょう。お焚き上げは、翌年に持ち越さず年内に終えると次の運につながります。

お守りは神様パワーの容れ物。何度でも補充できる。

運トレメモ

初詣で購入して、その年の願いを込めたお守りは1年経ったら、役目は終わり。ただし、「幸せになれますように」と長期の願を掛けたものは、ずっと持っていてOK。

各運の効果

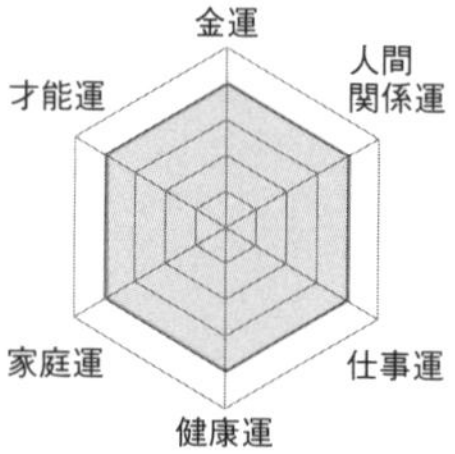

運トレ難易度

易・普・難

運上昇度

80%

運トレ時間

お守りの効力が出た時

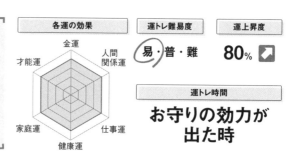

Chapter 3

人の縁を運に変える運トレ19

私たちは人との交流により、いろいろなものを受け取ります。知恵や教え、楽しみや悲しみ、尊敬や嫉妬、共感や反抗などなど。それらにはすべて、「運」と「厄」が付随しています。それならば、運トレでよい運をもらいましょう。

運のやりとりで
運は大きく育つ

運トレ
041

自分の運気は付き合う人を見ればわかる

ツキのない人が近づいたら自分にツキがない証拠

親しくしている人の顔を思い浮かべてみてください。その人はツイてる人でしょうか、それともツイてない人でしょうか。もしツイてる人なら、あなたの運気は上がります。逆にツイてない人なら、あなたの運気は下がります。友だちや知り合い、仕事の取引先は自分の運気を測るバロメーターになります。運のない人ばかりというなら、まずは自分から改善することです。改善後に離れていくのは運の悪い人なので、追わないほうがいいでしょう。

人間関係は我慢するものではなく楽しむもの。もしあなたがその人と付き合って疲れるなら、その人は運の悪い人。付き合う義理はありませんし、無理をするとあなたの運がすり減ってしまいますよ。

疲れる人と付き合うと自分の運がすり減る。

運トレメモ

「本当はいい人だから」と相手を変えようとしても難しい。「その人にはその人の人生があり、その人にふさわしい人がいる」と割り切って、自分より少し運のいい人を探す。

各運の効果

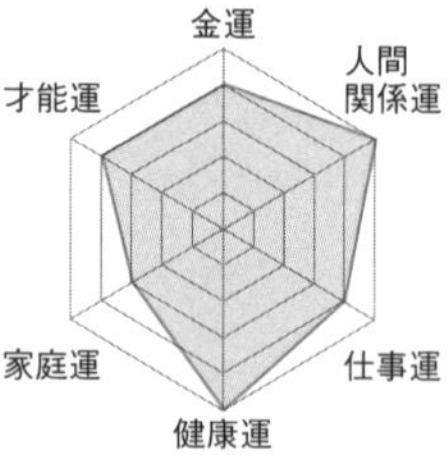

運トレ難易度

易・普・難（難に丸）

運上昇度

80%

運トレ時間

随時

運トレ
042
運がいい人とは人から信用される人

信用は継続から生まれる

人間関係で最も大事なものは信用です。「時間と約束をきちんと守る」「ウソをつかない」「任されたことは責任を持ってやる」が、人から信用されるための3大条件です。そして社会的に信用されること、友人から信用されること、家族から信用されることの3つが揃えば、人としての格が上がり、それに伴《ともな》い、運もグングンと上がっていきます。

「毎日同じことを繰り返す人は信用をつくる」と風水ではいいます。「継続は力なり」ですね。家庭でも毎日家事をすることで、子どもから信用・信頼を得ているのです。会社でも小さな仕事をコツコツとずっと続けることで信頼できる人と評価されます。ただ、信用はちょっとしたことで壊れやすいので、ご注意を。

信用を築くのは一生、信用を失うのは一瞬。

運トレメモ

信用されているか自信がないなら、家の北側に風水を。北は信用を育む方位のため、ここをきれいにして明るい暖色系でまとめ、もし水場なら盛り塩をすること。

各運の効果

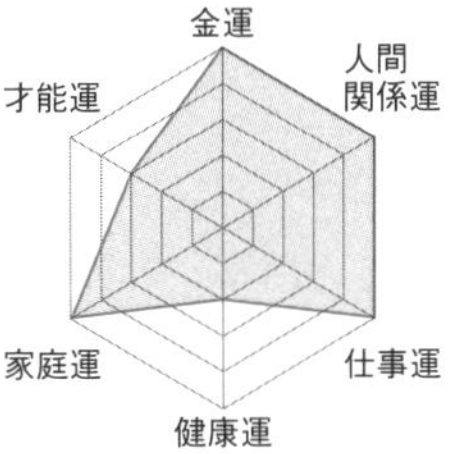

運トレ難易度

易・普・難

運上昇度

80%

運トレ時間

随時

運トレ
043

運のいい人と付き合うと自然に金運も上がる

縁と円は二重らせん

風水でいう「よい人間関係」とは、縁と円がつる草のようにからまり合ってどこまでも伸びていくイメージ。「人」のつる草が「お金」のつる草と二重らせんを描きながら、どんどん伸びていく図式です。まるでＤＮＡの基本構造のようですが、実際に縁と円はそのようにつながっているのです。

別にビジネスが介在しなくても、運のいい人には必ず金運があります。そういう人と付き合えば、必然的にあなたの金運も上がります。なぜなら、運のよい人はお金をうまく使っているから。一方で、運のない人はお金に使われてしまっています。お金にルーズな人、ケチな人とはよい交際はできないですし、お金の貸し借りすると関係が壊れることからも、円と縁の関係は証明されます。

金運の切れ目こそ、縁の切れ目。

運トレメモ

人間関係運を上げたいなら、衣服や壁紙、食器、文房具などに、唐草模様やつる草をイメージさせる柄を取り入れる。アイビーやポトスなど、つる性の観葉植物を飾るのも吉。

各運の効果

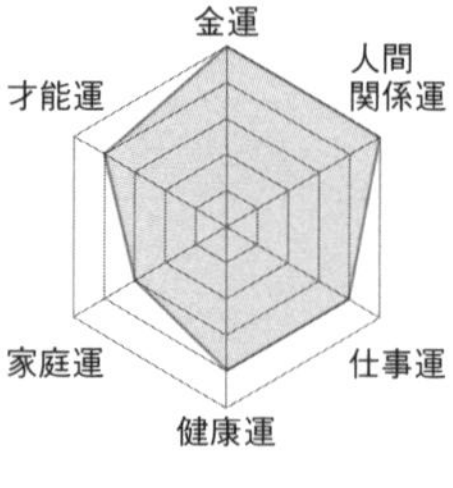

運トレ難易度

易・普・難（普に丸印）

運上昇度

80%

運トレ時間

随時

運トレ
044
人嫌いは損をする

☑人生の楽しさが半減してつまらない人生になる

「あの人に裏切られて人間不信になってしまった」「いじめられて人嫌いになった」と人付き合いがトラウマになっている人も少なくありません。しかし、それはとても損なこと。人は人の合わせ鏡ですから、人嫌いを続けていると自分も人から好かれなくなってしまいます。すると、つらいことをされなくなるかわりに、うれしいことや楽しいことも激減することに。

現在の世界の人口は80億4500万人です。誰一人として同じ人はいませんので、過去の付き合いを照らし合わせて人嫌いになるのはもったいないです。あなたと波長の合う人は必ずいます。よい付き合いは運の流れを加速させ、あなたの人生の可能性を広げてくれますよ。

この世の中にあなたに合った人は必ず存在する。

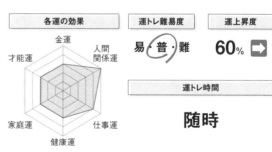

運トレメモ

人間関係では自分の視野をほんの少し広げて、相手の悪い点よりよい点に目を向けるのがコツ。また、「自分をどう思うかは相手の勝手」と割り切ることも大切。

各運の効果

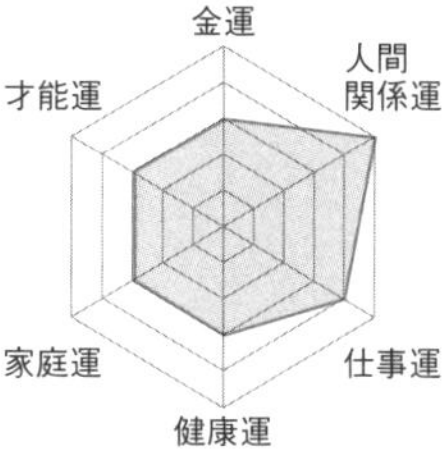

運トレ難易度

易・普・難

運上昇度

60%

運トレ時間

随時

運トレ 045

人生は出会いで決まる

☑「幸せな人生」とは良縁に恵まれた人生のこと

「人の間」と書いて人間です。「私はひとりで生きている」と思っても、よく考えると必ず誰かとつながっているもの。家族、近所の知り合い、友人、サークル仲間、先生、よく行くコンビニやスーパーの店員さん、職場の仲間など、いろいろな人たちに囲まれ、支えられてあなたは生きています。人生は出会いで決まります。結婚も仕事も家探しも、結局は人との出会いがすべて。よい出会いを引き寄せるには、まず自分が幸せの気をまとうことです。明るく楽しい雰囲気に惹《ひ》かれて、運のいい人が寄ってきます。

そうした人との縁をたぐりよせるためには、長いものが効果的です。たとえば、ファッションにマフラーやスカーフ、リボンを取り入れてみてください。

明るく楽しい雰囲気に惹かれて、運のいい人が寄ってくる。

運トレメモ

日本では古くから「縁は蕎麦が取りもつ」といわれており、長いものには交際運や恋愛運、人間関係に効果的。また、靴をピカピカに磨くと人間関係運は上がる。

各運の効果

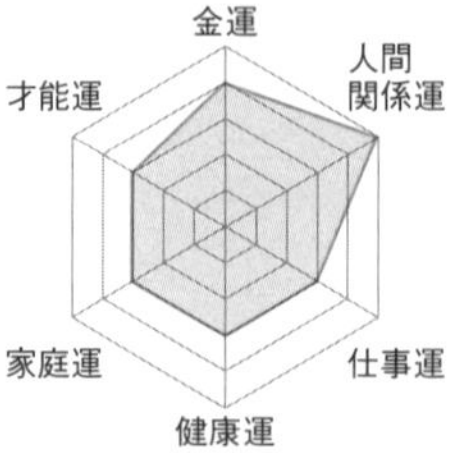

運トレ難易度

易・普・難（普）

運上昇度

80%

運トレ時間

随時

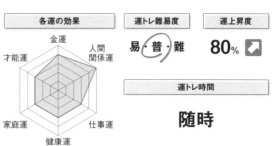

運トレ
046
「ありがとう」は開運の合言葉

素直に感謝すれば、運はさらに強化される

後輩や小さい子の面倒を見てあげた時、「ありがとう」と口に出していう子と何もいわない子のどちらがかわいいと思うかというと、当然前者です。

あなたは最近、「ありがとう」と口に出したことがありますか。なければ運が下がっています。「ありがとう」をいう機会はたくさんあります。あなたをこの世に送り出してくれたのは両親。そして、生きる手助けをしてくれているのは家族や友だち、仕事仲間。あなたはたくさんの人たちに支えられて生きているのです。しかし、「ありがとう」と口に出すのは、気恥ずかしさやプライドからためらう人も。運のいい人は、「ありがとう」を1日に何度もいいます。「ありがとう」は関係を円滑にし、さらに運をつけてくれる魔法の言葉なのです。

「ありがとう」は口に出してこそ、効力がある。

運トレメモ

「ありがとう」をいわれて嫌な気持ちになる人はいない。逆にいわれた相手も「ようし、任せとけ!」「これからも力を貸してやろう!」と張り切るはず。「ありがとう」が運を活性化させる。

各運の効果

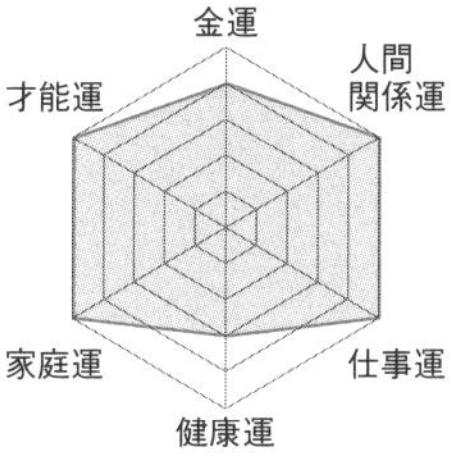

運トレ難易度

易・普・難

運上昇度

90%

運トレ時間

随時

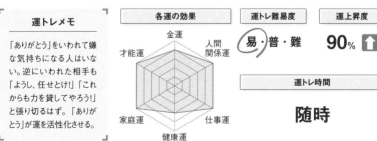

運トレ

047

友だちよりも顔見知りをたくさんつくる

狭く深い人間関係より広く浅い関係が楽で得

友だちの意味を調べると、「同じ考え方を持ったり、行動をともにしたり、いつも親しく付き合っている人」と辞書に書かれています。仕事や家庭など行動範囲が限定される年齢になると、友だちをつくるのは意外に大変なもの。それは周囲にだいたい同じ生活レベルの人が集《つど》い、見栄や利害がからんでくるからです。

むやみに友人関係を築くことに躍起《やっき》になると、相手に合わせるなどの無理をした不自然な関係になりがちです。それよりも、ご近所やよく行くお店のスタッフなど、軽く知っているくらいの顔見知りをつくる感覚ぐらいがちょうどよい。あいさつ程度で気が晴れることもありますし、もしあなたに何かあった場合、「そういえば最近見かけないね」と気にかけてくれるはずです。

関係の深さは相手との相性なので成り行きに任せる。

運トレメモ

ちょっとした困り事の相談も、「それならあの人が詳しいよ」と教えてくれることも。人の悪口を言い合う井戸端会議はNGだが、有益な情報交換をする立ち話は役に立つ。

各運の効果

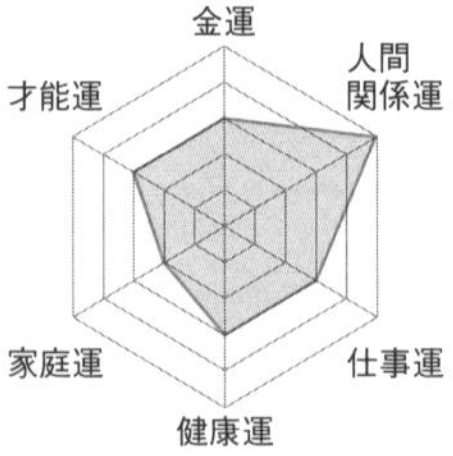

運トレ難易度

易・普・難

運上昇度

80%

運トレ時間

随時

運トレ
048
年代関係なく、まんべんなく付き合う

☑ 年齢層によってもらえる運は異なる

「話が合うから」と、同年代の人とばかり交流している人も多いでしょう。でも「付き合う年齢層が偏《かたよ》ると、運気も偏る」と風水ではいいます。年齢を方位に置き換えると、0歳~20歳は東、21歳~40歳は南、41歳~60歳は西、61歳以降は北。もしあなたが今30代なら、年下と付き合えば東のパワーである元気ややる気、年上と付き合えば西のパワーの豊かさ、または北のパワーの心のゆとりを分けてもらえることに。幅広く付き合ったほうがあなたの運気も偏りなく上昇します。

話が合わないと感じるのは、自分の世界に固執しているから。さまざまな年代との交流から得られるのは運だけでなく、知識や知恵も。運のよい人は総じて人付き合いが巧《たく》みですが、どの年代の相手も尊重して、そつなくお付き合いしています。

幅広い年齢層との交流は、相手をリスペクトする姿勢が大切。

運トレメモ

最新情報を得たいなら東のパワーを持つ目下、人生の知恵を分けてもらいたいなら西や北西のパワーを持つ目上から。同年代はよくも悪くも「増幅」「強調」の作用がある。

各運の効果

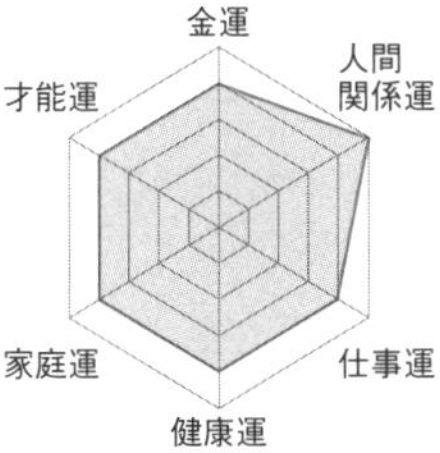

運トレ難易度

易・普・難（難に丸）

運上昇度

85%

運トレ時間

随時

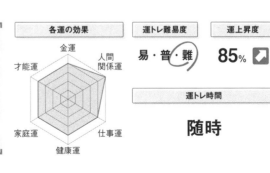

運トレ 049

異性から自分の不足している運の影響を受ける

男女関係は補完し合う関係

人間関係はお金で買えない財産です。人の縁から円や援（助け）がもたらされるからです。友だちはもちろん大事ですが、もっと大事なのは男女の縁。深く付き合う相手だけに、運気に多大なる影響を与え合います。男女の関係は漢字の凸と凹にたとえられます。肉体を含め、男女関係は補完し合う関係で、運についてもお互いの不足分を一緒にいることでうまく補い合っているのです。さらに恋愛感情がからむと運の影響は何倍にもなります。

もし誰かとの交際に迷っているなら、相手の運の善《よ》し悪《あ》しで判断しましょう。「一緒にいるといいことがある」「ウキウキ・ワクワクする」なら付き合ってOK、「気分が沈む」「イライラ・カッカする」ならやめたほうがいいでしょう。

異性間では相手の運が自身の運にも大きな影響を及ぼす。

運トレメモ

男女の運は持ちつ持たれつ。運の奪い合いはNG。付き合っている相手の運が今ひとつなら、一緒にラッキーファッション、ラッキーフード、ラッキーアクションを楽しむといい。

各運の効果

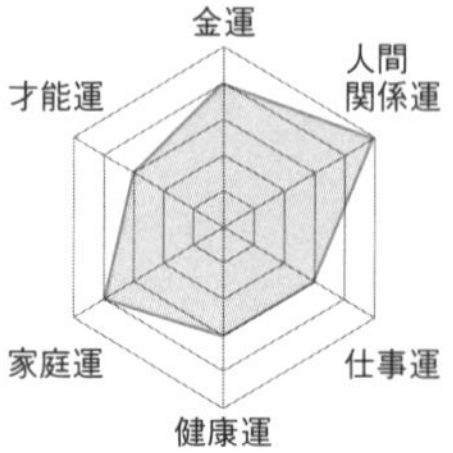

運トレ難易度

易・普・難（普）

運上昇度

85%

運トレ時間

随時

運トレ 050
相手の感情に惑わされない

☑ いつまでもとらわれずに切り替えたほうがいい

「本当にあの人には腹が立つ！」「あんなことされて悔しい！」と、相手の言動に腹が立ち、ずっと頭から離れない経験もあるでしょう。でも頭の中で相手に怒りや憎しみをぶつけても、現実は何も変わりません。それどころか体内に厄が充満し、ツキが落ちるだけ。つまり、怒りや憎しみを抱《いだ》くと自分が損をするのです。

それよりも「なぜそうなったのか」と自分の意識を変えることです。憎むより建設的ですし、心が軽くなります。相手のせいにするよりも、「そういうことをされる理由が何かあったのでは？」と角度を変えて自分を振り返る余裕が大切です。それならば、自分の問題として処理できます。それでも思い当たらないなら次に会った時に聞いてみるか、それができないなら水に流してあげることです。

怒りや憎しみの感情は、自問して自己処理をする。

運トレメモ

憎しみや怒りの感情を我慢や妥協することではない。そうした負の感情は運活動にとってマイナスになるだけ。忘れるための手段で厄落とし法のひとつと考えて。

各運の効果

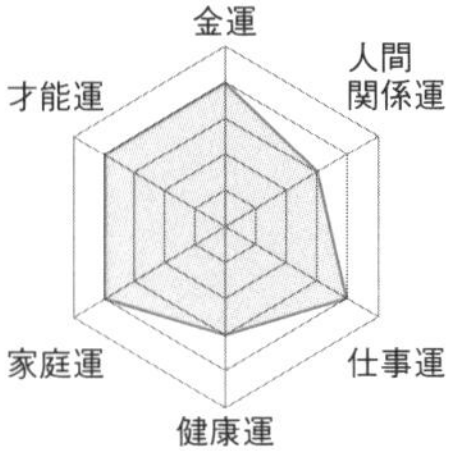

運トレ難易度

易・普・難（普）

運上昇度

70%

運トレ時間

怒りや憎しみの感情が湧いた時

運トレ
051
嫉妬心が出るのは運の落ち始め

☑ 嫉妬心が生じるのはわがままだから

「あの人だけ幸せになってずるい」「悔しい」「うらやましい」と思ったことはありませんか？ それは嫉妬《しっと》です。人からねたまれてはいけませんが、逆にあなた自身も同じような気持ちを人に抱《いだ》いていないかどうか、考えてみましょう。「うらやみやねたみを抱くのは、自分がやることをやっていないことの言い訳」と風水ではいいます。努力もせずわがままばかりいっていると、人からも幸運からも見放されるので気をつけましょう。

頑張っている人は、あなたに発奮材料を与えてくれる存在です。うらやましい、悔しいとねたむのではなく、「気づかせてくれて、ありがとう」と感謝の念を持ちましょう。

運が悪い人は自信がない分、他人に嫉妬する。

運トレメモ

「運がいいだけ」と相手に嫉妬するのは、あなたの運のなさを棚に上げているだけ。「運を味方につけているなあ」「運がよくなる行いをしているんだ」と見習うことが大切。

各運の効果

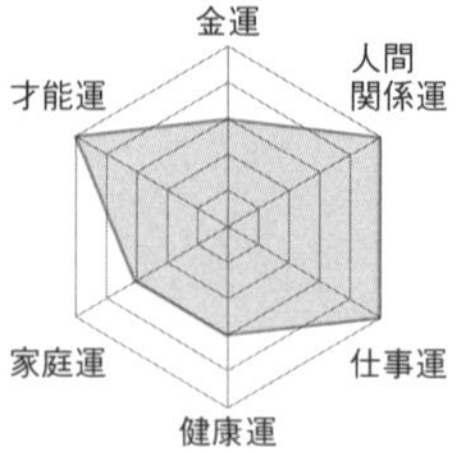

運トレ難易度

易・普・難

運上昇度

60%

運トレ時間

嫉妬心が湧いた時

運トレ
052

我慢して付き合うのは時間と運の無駄

☑ 自分を大切にしてくれない人を大切にしなくてよい

人間関係で無理をしていませんか？　自分を曲げて無理やり相手に合わせているなら、その関係は見直したほうがいいでしょう。

どちらか一方がプラスで、どちらかがマイナスという関係は長続きしませんし、我慢していると運気が下がってしまいます。あなたの気配りを理解してくれない相手、気を遣う価値のない相手とは、仲よくする必要はありません。心の中でイエス、ノーをはっきりさせておきましょう。

この世の中、あなたに好意的な人とそうでない人の割合は半分ずつ。すべての人に好かれるのは不可能ですし、嫌う人のことで悩むのは時間と運の無駄。あなたのことを大切に思ってくれる人のために尽くすのが、運を上げることになります。

好きな人と嫌いな人は世に半々。

運トレメモ

人間関係は、お互いにプラスになる間柄がベスト。「相手の何が自分にプラスになっているのか」「自分は相手に何かプラスになっているか」を、たまにチェックを。

各運の効果

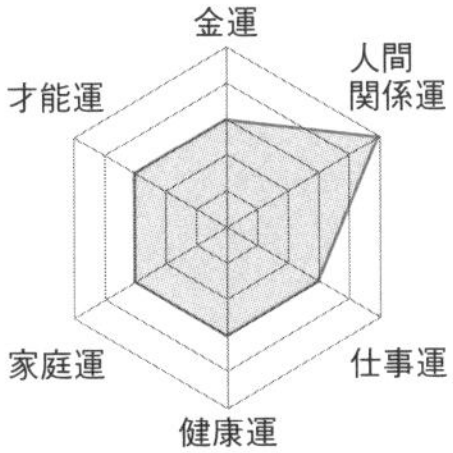

運トレ難易度

易・普・難

運上昇度

80%

運トレ時間

随時

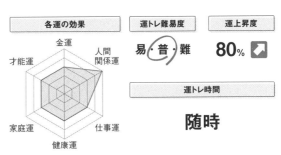

運トレ
053
「聞き上手」になる

好かれたいなら、大きくうなずく

相手が話している途中で「そうそうそう！」と割り込み、話の腰を折って自分のことだけペラペラしゃべるのは関係を壊すだけでなく、運を落とすことになります。相手に好かれたいなら、聞き上手に徹することです。やり方は簡単。我慢して口を閉じ、相手の目を見ながら大きくうなずくだけで相手は心を開き、「この人ともっと話してみたい」と思ってくれます。

話し上手の人は人間関係が広がりやすいと勘違いしがちですが、実は会話が苦手なタイプほど人から好かれ、信頼されやすいものです。「聞き上手」は相手の話を引き出す重要な役割。会話と運のやりとりはキャッチボールにたとえられますが、受け手がうまいとそのやりとりはスムーズに進みます。

聞き上手は信頼されて、運も上がる。

運トレメモ

相手の話を最後まで聞かず、自分の意見をいってしまうのは「言葉泥棒」となり、嫌われるひとつ。相手の言葉を最後まで聞いて、一拍置いてから話すぐらいがちょうどいい。

各運の効果

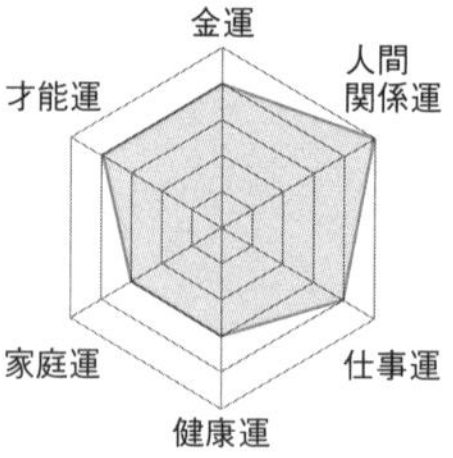

運トレ難易度

易・普・難

運上昇度

80%

運トレ時間

会話時

運トレ 054

話す時は相手の目を見る

多くを語らなくても、目と目で通じ合う

コロナ禍が終わり、実際に面と向かう機会が増えてきました。ただ、照れくささからかうつむいてしまう人も少なくありません。これではせっかく会って対話している意味が半減してしまいます。

相手の目を見られないのは、自分に自信がないからです。うつむいたままでは通る話も通らなくなり、自分が損をしてしまいます。話す時はしっかり顔を上げ、相手の目を見ることで、うまく話すことよりも大きな効果が生まれます。相手の話を聞く場合も、相手の目を見て相づちを打つことで信頼を得られます。「目は口ほどに物をいう」を実践すれば、お互いの気持ちがスムーズに通じ合い、以心伝心が可能になります。特に難しい話を通したい時こそ、相手の目を見ることです。

目と目で会話すると、信頼が生まれる。

運トレメモ

相手に目を見てあいさつすることで信用が生まれる。相手の目を見る際は表情が大切。無表情なままじっと見られると、怖いと思われることも。笑顔を忘れずに。

各運の効果

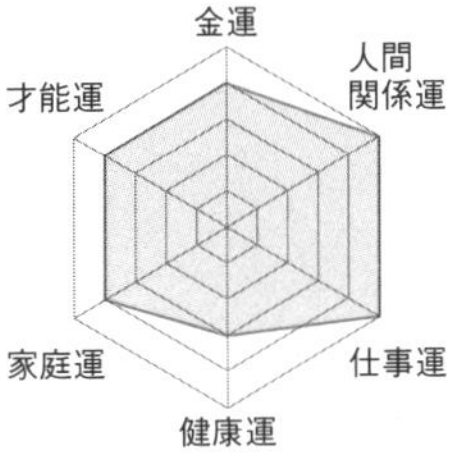

運トレ難易度

易・普・難

運上昇度

80%

運トレ時間

会話時

運トレ

055

人の愚痴に相づちを打つな

☑相手の厄がこちらに乗り移ってしまう

愚痴を聞いて嫌な気分になるのは愚痴とともに、相手の厄をあなたがかぶってしまっているから。愚痴の多い人とは距離を置くのが一番ですが、もし一緒になってしまったら、素早く逃げ出しましょう。もし逃げ遅れて愚痴や悪口を聞かされても、決して相づちを打ってはいけません。相手の厄を受け入れてしまうことになるからです。

そうした相手とはできるだけ短時間で切り上げ、そのあとひとりでカフェにでも入って気分転換を。もし、愚痴の厄を受けてしまったら、うがいや手洗いで水に流し、すぐに忘れてしまうこと。嫌な思いを受けて損をするのは自分。運の悪い人に囲まれるのは、不運の垣根に閉じ込められるのと同じ。逃げるが勝ちです。

愚痴からは「逃げるが勝ち」。

運トレメモ

愚痴は自分が発しても、相手から聞いてもダメ。愚痴をこぼしたい時は、誰かに話すのではなく、神様に吐露するか、自宅にて両肩に塩をのせてシャワー浴びながら、いいまくる。

各運の効果

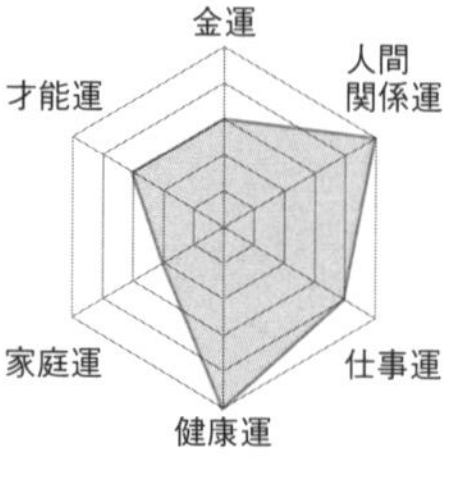

運トレ難易度

易・普・難（普に丸印）

運上昇度

60％ ➡

運トレ時間

愚痴や悪口を聞かされた時

運トレ

056

小言は柔らかく

強い言葉で押しつけても反感が返ってくるだけ

「何度いったらわかるの!?」「何で期日までにできていないの！」と夫や子ども、部下に小言をいうこともあるでしょう。そのたび嫌な顔をされたり無視されたりして、あなたのほうがダメージを受けてしまうことも。「相手を変えようとするより、自分が変わったほうが早い」と風水ではいいます。相手の価値観や考え方、行動パターンを強い言葉で無理やり変えようとすると、必ず反発されます。

　そんな時は相手に応じて口調を変えてみましょう。部下には達成したらこうなるという目標設定を、夫には明るい甘え口調、子どもにはお願い口調でやんわり頼むのがコツ。最後に「こうしてくれるとうれしいな」など、あなたの願望を付け加えるとスムーズです。

相手に求める際の言葉は、柔らかい口調を心がける。

運トレメモ

自分の意見を押しつけるとケンカになりがちに。「叱る」にはその根底に「愛情」がないと相手に伝わらない。ただ怒りをぶつけるだけになっていないか、自己確認を。

各運の効果

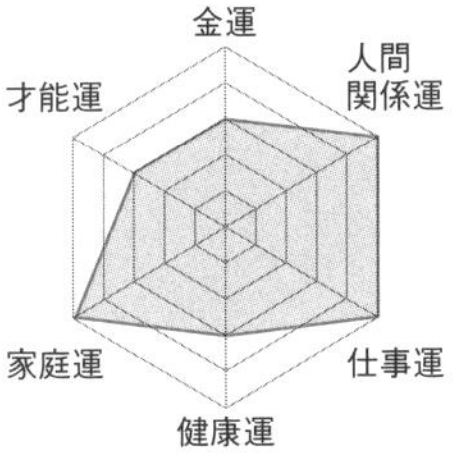

運トレ難易度

易・普・難

運上昇度

70%

運トレ時間

小言をいう時

運トレ
057

SNSで自慢は御法度

☑嫉妬の気が集中し、運気が落ちてしまう

今や誰もが利用するラインやX（ツイッター）などのSNSは便利なコミュニケーションツールですが、発信する内容には注意が必要です。「高級バッグを買いました！」「広い家に引っ越しました！」など得意気に自慢すると、たちまち嫉妬を買ってしまいます。嫉妬の気が集中すると「体が重い」「やる気が出ない」「憂うつになる」など、ツキが落ちることに。

特にXやインスタは不特定多数かつ匿名が基本ですので、あなたを知らない人や攻撃的な人が多く、自慢話は一気に炎上してしまうケースも。個人がむやみ発信するのは運を落とし、厄を呼び込む元凶になることも。「ありがとう」「おめでとう」「運がいいですね」などの前向きな言葉を意識して盛り込みましょう。

アンチコメントや誹謗中傷は厄の塊。

運トレメモ

SNSは受け取る側の感情の状況がわからないので、運と厄の諸刃の剣となる。フォロワー数や「いいね!」の数は、運の上昇効果もあるが、厄の数になることもあると認識して。

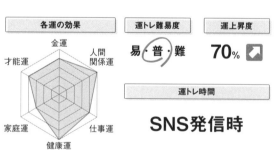

各運の効果

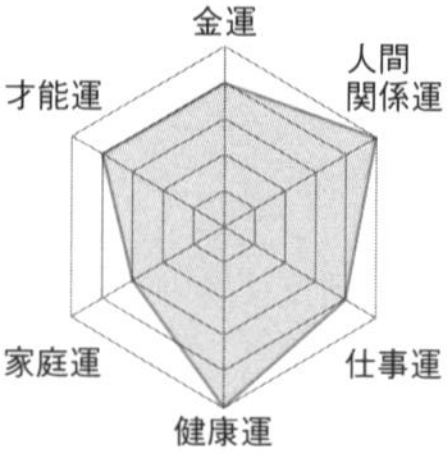

運トレ難易度

易・普・難

運上昇度

70%

運トレ時間

SNS発信時

運トレ 058

靴の脱ぎ方でその人がわかる

☑ バラバラに脱ぐ人は心も運気も乱れている

お客さんが家に来ると、玄関先で靴からスリッパに履き替えますが、この時、靴の脱ぎ方をチェックしてみましょう。つま先がきれいに外側を向いて左右揃っているなら、心が前向きで運気のいい人。つま先が家を向いて左右バラバラなら、靴を揃える余裕がない、つまり心にも運気にも余裕のない人。スリッパの脱ぎ方も同じです。

靴の脱ぎ方ひとつで生活習慣はもちろん、心の状態や運気までわかってしまいます。あなたが訪問する際にも用心を。靴を揃える時は、相手にお尻を向けないよう、少し斜めに膝をつくと見た目がきれいです。ロングブーツは脱ぐのも履くのも手間がかかるので、訪問の際は避けたほうが無難です。

靴の脱ぎ方は、心と運を表す。

運トレメモ

足は厄がつきやすいため、靴は運気を左右するアイテムとなる。風水では「自分の足に合わない靴を履くと運がねじれる」という。自分の足のサイズや形に合った靴を選ぶこと。

各運の効果

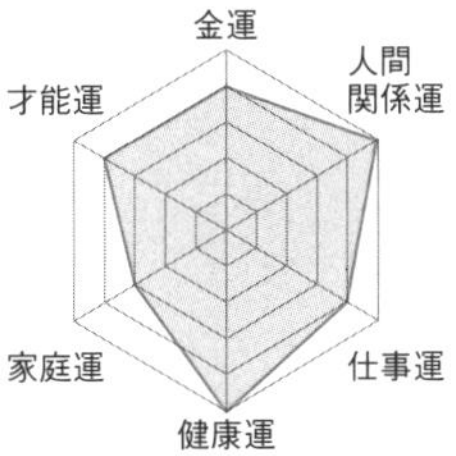

運トレ難易度

易・普・難

運上昇度

75%

運トレ時間

靴を脱ぐ時

運トレ
059
堂々としたいなら赤いリップ

☑堂々と自己主張できる

あなたが女性なら、仕事の時の口紅は何色にしていますか？　ナチュラルなヌード系、ピンク系、オレンジ系、ボルドー系などさまざまでしょうが、風水のイチ押しはビビッドレッド、つまり真っ赤です。赤には「自信がつく」「自分の意見を堂々といえる」「厄をはね返して自分を守る」「気力と体力が同時に上がる」などのパワーがあるのです。最初は抵抗があっても、日々つけるうち「この色でなくちゃ」と思えてくるはず。年齢を問わず、ぜひトライしてみてください。

また、マット系よりツヤ系のほうが運は開けます。人脈を広げたい、いいスポンサーを見つけたい日はゴールドのパールを、ノーミスで大仕事をクリアしたい日はシルバーのパールを重ねづけするのがよいでしょう。

会議やプレゼンなどアピールしたい場合は「赤」。

運トレメモ

仕事中はマスクをしている人も多いが、たとえ口元が見えなくてもリップは必須。リップをすることで、自信がつき、また余計なことをいわないなどの防御となる。

各運の効果

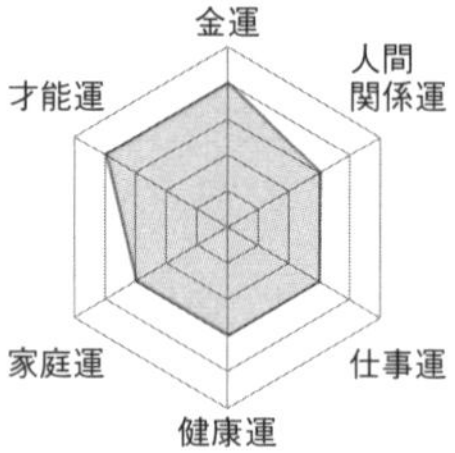

運トレ難易度

易・普・難（普）

運上昇度

80%

運トレ時間

仕事時

Chapter 4

住まいの環境を変える運トレ15

コパは家の間取りを見れば、その人の生活ぶりや悩みが即座にわかります。それは住まいはそこに住む人の鏡だからです。運のいい人の家はきれいで、片付いており、かつ合理的です。「きれいな家に貧乏なし、汚い家に金持ちなし」。この格言は真実です。

運はスムーズな
流れを求める。
厄は滞りに溜まる

運も不運も家次第

運トレ
060

成功者は運のいい土地で運のいい家に住む

「運のいい人は運のいい土地に運のいい家を建てて暮らす」と風水ではいいます。運気を育ててくれる環境の中で、自分の意のままに選択できるものが住まいです。運のいい家ならば、当然そこに住む人の運もどんどん上昇していきます。

逆に「何もいいことがない」「トラブルが絶えない」というのなら、それは家に運がないから。運がない家＝凶相の家の特徴は「前の家から見て凶方位に引っ越してきた」「家が狭すぎる」「日当たりと風通しが悪い」「周辺環境に難あり」「敷地や間取りが三角形」「中心が水場もしくは欠け」「西、北、東北に水場もしくは欠け」など。そういった場合は、「近所の氏神様にて方位除けを受ける」「1週間に1回程度、敷地の四隅に日本酒と盛り塩」「毎日掃除してきれいな環境にする」「家に風水を施す」などを実行することです。

運のよい家は幸運を育み、運のない家は不運が根づく

運トレメモ

凶相の家に住むのは、底なし沼にお賽銭を投げ続けるようなもの。運の受け皿のないところにお金を使っても無駄になる。重視すべきは一に方位、二に間取り、三に環境。

各運の効果

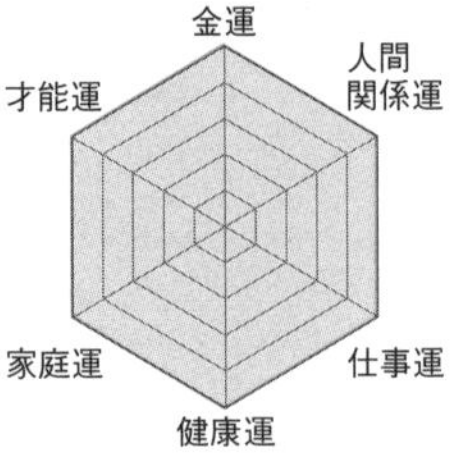

運トレ難易度

易・普・難

運上昇度

100%

運トレ時間

随時

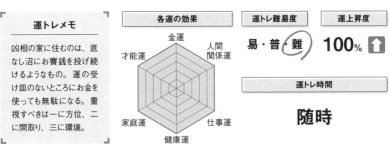

正しい風水で住まいを吉相に

運トレ 061

風水は先人たちの成功＆失敗例の集大成

風水は占いではありません。環境を整えることで、運気を清めて幸運を産み出す環境開運学です。その基本思想は、環境の持っているパワーを吸収して運を開くこと。古代中国で発祥した風水は日本に伝来され、日本の風土や習慣、しきたりなどにより日本独自の風水が生まれました。風水は特定の誰かが編み出したものではなく、先人たちによる生活を送るための記録であり、いわば成功例と失敗例の集大成なのです。それゆえ、風水は「統計学」の一種ともいわれます。

特に毎日の生活を送る家については、家相を代表するように多くの風水の知恵や決まり事が伝えられています。それらは先人たちの生活の中で実証済ですので、やらなければ損。「吉相の家は三代先まで幸せにする。凶相の家は三代先まで難を残す」と風水ではいいます。風水を信じて、環境を整えましょう。

「日々是風水」で開運体質に。

運トレメモ

風水の基本は普遍だが、ラッキーカラーやラッキーフード、ラッキーアクションなどその年によって変わるものがある。基本と変化をうまく取り入れて、楽しむのも風水の醍醐味。

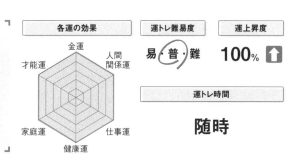

各運の効果

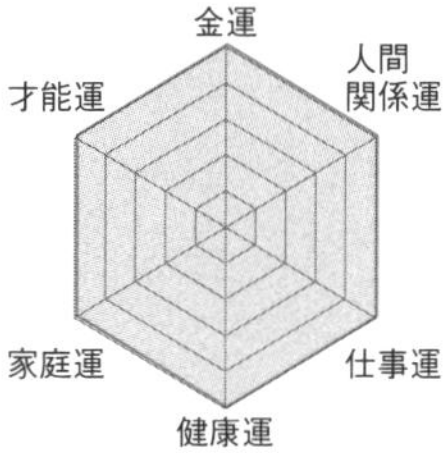

運トレ難易度

易・普・難

運上昇度

100％

運トレ時間

随時

自宅の龍穴を探す

運トレ 062

きれいに掃除すれば幸運が勢いよく噴き出す

「幸運は人間と同じように玄関から入り、家の中心を通ってそのまままっすぐ反対側の壁まで突っ切る」と風水では考えます。この道筋を「ラッキーゾーン」と呼び、幸運の通り道です。その道筋のどこかに「龍穴《りゅうけつ》」という幸運の気が噴き上がる場所があるはず。ラッキーゾーンの家の中心から反対側の壁付近をチェックしてみてください。

龍穴の特徴としては、「そこに立つと気分がいい」「新鮮な気が感じられる」「何となく明るい」があげられ、運の補給場所となります。ベッドやソファ、椅子を置き、寝室や憩《いこ》いの場所にするのが最適です。そこで過ごすだけで幸運が体内に吸収でき、運が上昇します。

龍穴はいつもきれいに掃除して清めておくことが重要で、よけいなものを置いてはいけません。

龍穴は家の中の運の補給場所。

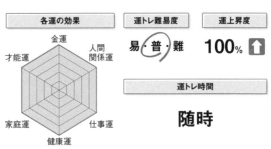

運トレメモ

通常、龍穴は鬼門ラインとラッキーゾーンという2つの幸運ラインが交わる、家の中心とされるが、ラッキーゾーン上で快適な場所を自ら感じて探してみて。

各運の効果

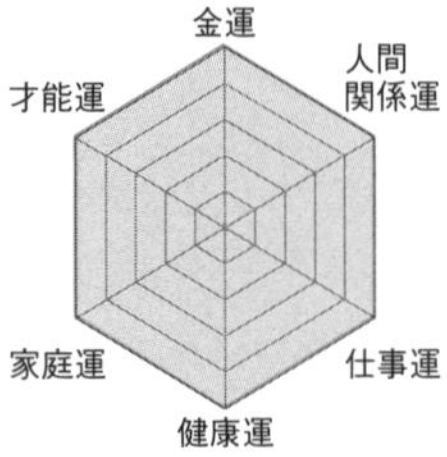

運トレ難易度

易・普・難

運上昇度

100%

運トレ時間

随時

家の中心をしっかりと認識する

運トレ 063

☑ 中心に力のない家は夢がない

「夢も希望が持てない」というなら、家の中心のパワーが弱っている証拠。力のない家に住むと「努力が実りにくい」→「気力が落ちてやる気がなくなる」→「将来に夢や希望が持てない」の悪循環にはまりやすくなります。

家の中心は東西南北の方位パワーが集結し、幸運パワーが吹き上げるパワースポット。きれいに掃除してから、21世紀のラッキーカラーであるゴールド、金運の黄色と厄落としカラーのラベンダー色、さらにその年のラッキーカラーのグッズを置きましょう。中心のパワーがグッと上がります。観葉植物を置くなど中心となる目印をつけて日ごろから意識をしましょう。

現在の住まいでは中心はリビングやダイニングになっている家が多いですが、もし家の中心に寝室があるならラッキー。幸運をあますことなく体内に吸収できます。

家の中心はその家のパワスポ。

運トレメモ

家の中心をしっかり測ることが重要。その際、ベランダなどは室外なので間取りにいれてはいけない。真四角や長方形の間取りならば四隅の対角線が交わるところが中心となる。

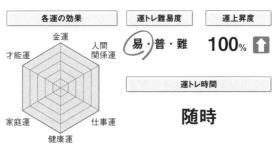

各運の効果

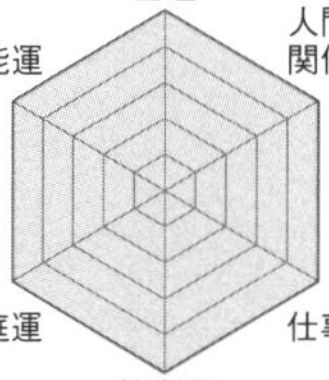

運トレ難易度

易（○）・普・難

運上昇度

100％ ↑

運トレ時間

随時

東西南北の方位に沿った生活を送る

運トレ 064

☑家の中心に方位のパワーを集結させる

中心のパワーを高めるコツは、東西南北の基本の風水をしっかり実行することです。各方位と相性のいい色は、北は暖色系、東は赤と白と青、南はグリーン、西は黄色。これらの色をインテリアに活用しましょう。この東西南北の風水で家の中心のパワーを高めることを「天の風水」と呼びます。

方位には1日の時間も分けられています。東（朝）→南（昼）→西（夕方）→北（夜）と、太陽がたどる方位に合わせているのです。そのため、あなたもその方位に合わせて行動することで運が活性化されます。つまり朝は早起きして元気に活動し、昼は才能を発揮し、夕方はおいしい夕飯を食べてくつろぎ、夜は厄を落としてからぐっすり眠るのです。この時間の使い方であなた自身の中心軸のパワーを高めることを「地の風水」と呼びます。

「天の風水」「地の風水」をすることで、強運になれます。

色と時間を方位に合わせることで強運が手に入る。

運トレメモ

風水では8つの方位（北、東北、東、東南、南、南西、西、北西）と家の中心を加えた9つが基本。その配分は東、西、南、北は30度、東北、東南、南西、北西は60度。

各運の効果

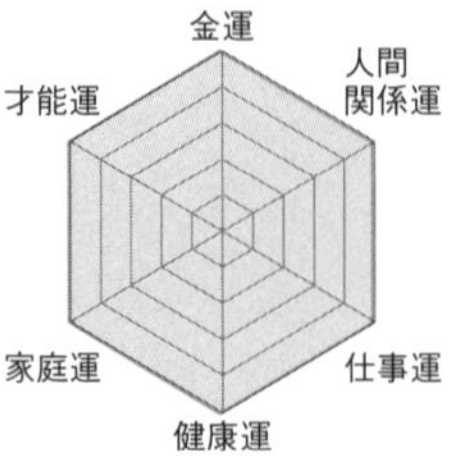

運トレ難易度

易・普・難

運上昇度

100％ ⇧

運トレ時間

随時

東西南北の方位パワーの意味を知る

運トレ
065

北は心、東は肉体、南は頭脳、西は神仏

方位にはそれぞれ司る運が異なります。

北は心の方位で、ワインレッドやピンク、オレンジ色などの暖色系を配すると、心の疲れが癒《いや》されて自立心が芽生えます。素直さを取り戻したいなら、白もいいでしょう。東は肉体面を左右します。「頑張りたい」「やる気を出したい」「勇気がほしい」というなら、東に赤と白と青いものを。南は頭脳の方位。脳が疲れると悲観的になったり誤解や判断ミスが多くなりますから、一対のグリーンやゴールドを置きましょう。西は神仏のパワー。金運だけでなく、目に見えない上の世界とつながる方位。山吹色や黄色、ゴールドを配するとパワーがグッと持ち上がります。

方位のパワーは中心に集まるという性質があります。中心とは、あなたの魂のこと。方位のパワーで心、体、頭脳、神仏の力があなたの魂に注ぎ込めば、明るく輝き始めます。

4つの方位パワーが、あなたの魂に注ぎ込まれる。

運トレメモ

各方位に水場などのダメージがある場合は、その方位パワーはダウンする。盛り塩と掃除を徹底して厄落としをしてから、方位と相性のよい風水をすることでパワーを維持できる。

各運の効果

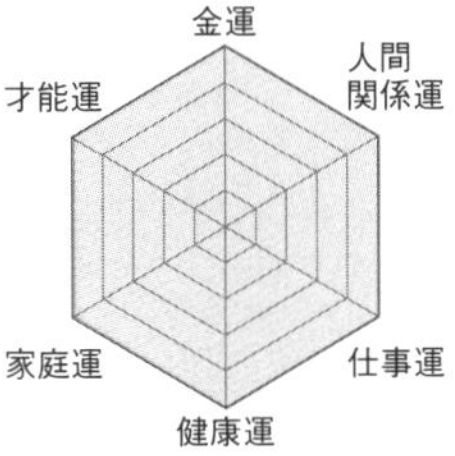

運トレ難易度

易・普・難

運上昇度

100%

運トレ時間

随時

方位に合った インテリア、家具にこだわる

運トレ
066

自分の求める運に合わせて、方位を強化する。

☑ 方位には相性のよいインテリア、色がある

方位にはそれぞれ相性のよいインテリアがあります。

北は財産などの大事なものを置いておく場所に向いています。ダーク調の家具や金庫、通帳、印鑑などを保管するとよいでしょう。東北は「(表)鬼門」と呼ばれる方位で、白を基調にして常に清潔に保つことが求められます。東は音と相性がいいので、テレビやオーディオ、電話などの音が出る家電が吉。東南は人間関係や縁を司り、ピンク、黄色、赤、白が相性のよい色です。

南は才能やひらめき、美しさを司ります。観葉植物を2鉢一対にして置くと運気がアップ。南西は別名「裏鬼門」で、大地を表す方位。茶色をインテリアに使うと、家庭を円満に保ちます。西方位は実りを表します。ラッキーカラーは黄色、白、青。北西方位はその家の主人の方位で、白くて丸いものが吉。ラッキーカラーは茶色、ベージュ、白、グリーン、オレンジ色です。

運トレメモ

家具やインテリア小物を新調すると、家の運気が強化される。その際、前よりいいものを買うこと。くつろいだ時に目に入るものをグレードアップすると、気持ちが豊かになる。

各運の効果

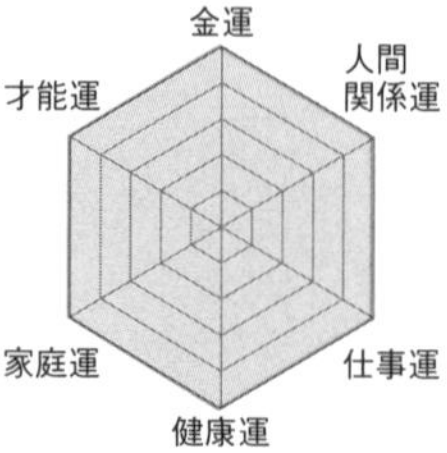

運トレ難易度

易・普・難

運上昇度

100%

運トレ時間

随時

運気を変えたいなら模様替え

運トレ 067

☑ 家具の配置を変えるだけで運気のつっかえ棒が取れる

「夫の業績が低迷中」「子どもの成績が伸び悩み」など、頑張りが形にならないのは、住まいの環境が原因かもしれません。「住まいは人間が着る最も大きな衣服」と風水では考えます。こういう時には模様替えをするとスッと改善することがあります。一番簡単なのは家具の配置を変えること。机やベッドの位置を変えるだけで気分が変わると同時に、運気も変わります。

特に家族が集《つど》うリビングと寝ている間に運を取り込む寝室はこまめに模様替えしましょう。リビングはアイデアや才能を司る重要な部屋のため、楽器や本などの趣味のものを置いたり、パソコンなどの仕事道具を置くのもいいでしょう。寝室は厄を出して、幸運を自分の中に取り込むところです。趣味や仕事のものは置かず、ゆっくりとくつろげる環境を整えることが重要です。

寝室はベットの頭の向きを、子ども部屋は机の位置を変える。

運トレメモ

模様替えの際、余力があるなら、カーテンや壁紙、カーペットなどもリフォームすると、さらに効果的。その際は方位に合った色や柄を選ぶこと。

各運の効果

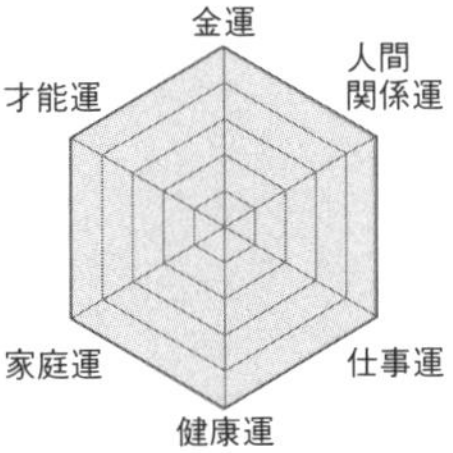

運トレ難易度

易・普・難

運上昇度

100%

運トレ時間

運気が滞っている時

気づまりは風で追い払え

運トレ
068

☑ 東や東南からの風はストレスを吹き飛ばす

　在宅ワークで狭い家に家族が長時間一緒にいると、何かとストレスが溜まりがち。うっとうしさを感じたり、何となく窮屈な気分になったこともあるでしょう。そんな時は、いったん窓を開け放して家に風を通してください。「風は気づまりを吹き飛ばす」と風水ではいいます。特に朝の風や、東～東南から来る風は、室内に溜まった厄を追い払うパワーがあります。空気が入れ換われば、仕事や家事に再び集中できるようになります。

　そのためには窓ガラスや窓のさん、網戸をきれいにしておくことが大切。汚れていると、汚れた気が室内に入って逆効果になるから。窓の外に置いてあるゴミや不要品も片づけましょう。また、換気扇が汚れているとささいなことや言葉に敏感に反応しすぎる懸念が生じます。イライラする時は換気扇を掃除すると解消されます。

空気が動くことで、空間の気は活性化する。

運トレメモ

防犯上できない場合もあるが、夜寝る前に少しだけ窓を開けて換気すると気の流れがよくなり、睡眠中にいい運気を吸収できる。

各運の効果

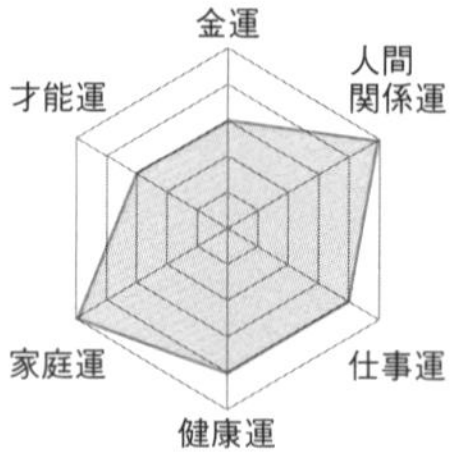

運トレ難易度

易・普・難

運上昇度

80%

運トレ時間

ストレスを感じる時

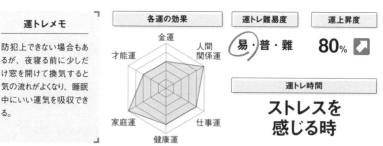

狭い家こそ掃除と換気を念入りに

運トレ 069

☑家だけでなく心も掃除できる

家には5つの役割があります。①寝る…寝室、②食べる…キッチンとダイニング、③くつろぐ…リビング、④厄を落とす…トイレ、浴室、洗面所、⑤仕事する…書斎が必要です。

しかし日本の住宅事情ではこの5つがバランスよく揃っている家はなかなかなく、ストレスが伴うことに。そのため、せめて掃除をして、少しでも居心地のいい空間にしましょう。

掃除は不運を拭き取る作業なので、掃除をしたら掃除をした分だけ運気が上がる、わかりやすいものです。「私はえらい、掃除したんだから、絶対いいことある！」と、自分に言い聞かせるように行ってください。掃除をする前は面倒だと思っても、掃除を終えたらすっきりさっぱりと感じるはず。掃除は家をきれいにするだけでなく、自分の心もきれいにすることでもあるのです。

掃除をしたら掃除をした分だけ運気が上がる。

運トレメモ

家じゅう毎日掃除する必要はない。今日はキッチン、今日はリビングなど部分部分でOK。ただし、玄関のたたきとトイレは毎日掃除をすること。

各運の効果

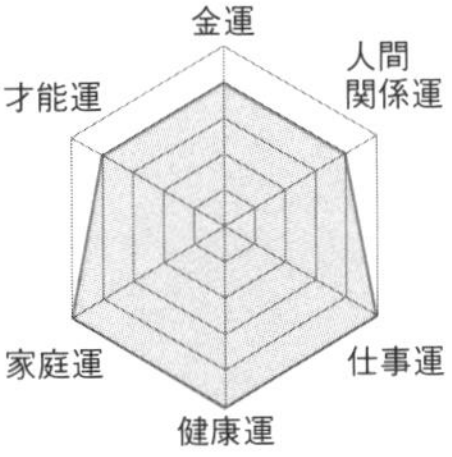

運トレ難易度

易・(普)・難

運上昇度

90%⇧

運トレ時間

毎日

住まいの空間にゆとりをつくる

運トレ 070

☑ぎゅうぎゅう詰めの家では運が入る隙間がなくなる

「物が詰まった家に住む家族は運が伸びない」と風水ではいいます。家の中を見渡してみてください。物があふれていませんか？幸運の気は繊細で、せっかく外から幸運が入ってきても、不要品にぶつかると消滅してしまいます。特に玄関、中心、対角線を結ぶラッキーゾーンや鬼門ラインには何も置かないのが風水の鉄則です。

物はあなたの分身。「これは自分にふさわしくない」「持っていてもウキウキしない」と思う物は、潔《いさぎよ》く処分しましょう。不要な物は処分することで、家にゆとりを持たせましょう。

「うちはきれいに収納しているから大丈夫」といっても、収納スペースに余裕がなければ「ぎゅうぎゅう詰め」しているのと同じこと。使ううち、すぐもとに戻ってしまいますよ。

収納量も腹八分目が目安。

運トレメモ

「いつか使うかもしれないから」と物を捨てられない人がいるが、古い運気を貯め込むことになり、運気が停滞する原因に。不要品は運気の流れを悪くすると考えて。

各運の効果

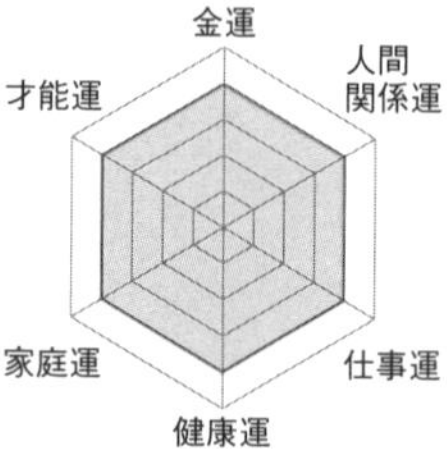

運トレ難易度

易・普・難（普に丸）

運上昇度

80%

運トレ時間

随時

精神的落ち込みの原因はトイレにある

運トレ
071

汚れた凶相のトイレに長居は無用。

小さな空間だからこそ影響力が大きい

「トイレは健康運を左右する空間」と風水では考えますが、これは身体面に限らずメンタル面も含みます。「家族が引きこもっている」「愚痴っぽい」「わけもなく気持ちがふさぐ」というなら、トイレに厄がついているのです。もし思い当たるなら、徹底的に掃除しましょう。便器はもちろん床や壁もきれいに拭き、マットやスリッパ、タオルは新品に交換を。カレンダーや雑誌は捨て、かわりに小さめの観葉植物や生花を飾り、盛り塩をしておきましょう。

トイレに窓があるならまめに開けて外気を取り入れ、窓がないなら一定時間ドアを開け放して気を入れ替えるといいでしょう。暗い照明は明るいものに替え、盛り塩は週に1回、ダメージが強い時は2～3回取り替えてください。

運トレメモ

トイレは「厄落としの場所」であり、落ちた厄が充満している。そのため、トイレに長居すると運気が下がる。トイレで新聞やスマホを見るのは避けるべき。

各運の効果

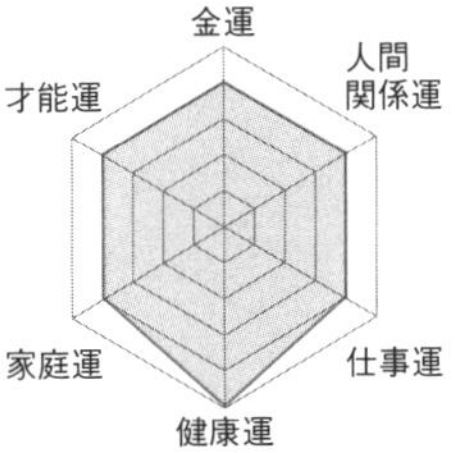

運トレ難易度

易・普・難

運上昇度

80%

運トレ時間

毎日

お金が貯まらないのはキッチンが原因

運トレ 072

清潔なキッチンは家族の健康と金運を呼び込む。

☑シンクの「水の気」、コンロの「火の気」が災いを呼ぶ

風水ではキッチンは「金運と健康運を左右する場所」と位置づけられています。「お金が貯まらない」「衝動買いなどの浪費がひどい」といった場合は、キッチンを不潔にしているからかもしれません。シンクが不潔だと「水の気」が乱れて精神的に不安定に陥ったり、肌荒れがひどくなったり、金運が下がります。それを防ぐためには、「シンク内に食器を溜め込まない」「水垢などの汚れを取り除く」「三角コーナーのゴミをこまめに捨てる」などを心がけ、常に清潔さを保つことが大切です。

ガスコンロが汚いと「火の気」が乱れて健康運が下がり、イライラしたり、ケンカが起こりがちで、金運にも悪影響を及ぼします。キッチンの床は水はね、油はねで汚れやすいのでシンクやレンジに加えて、床も水拭きしてきれいにするよう心がけてください。

運トレメモ

キッチンの床にはキッチンマットは必須。方位に合った色やその年のラッキーカラーを選んで。キッチンの凶作用を和らげる盛り塩や観葉植物を置くのもおすすめ。

各運の効果

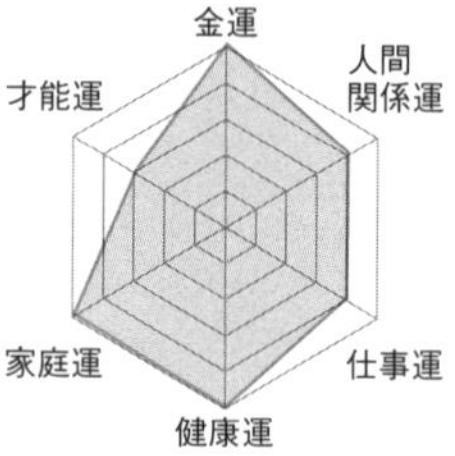

運トレ難易度

易・普・難（普）

運上昇度

80%

運トレ時間

随時

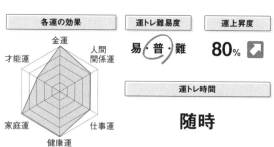

観葉植物は家の守護神となる

運トレ 073

観葉植物は大自然を象徴する万能な開運アイテム。

☑ どこに置いてもOK。家の運気を上げてくれる

インテリアアイテムとして観葉植物がよく用いられるのは、「目にするだけでストレスが軽減する」「光合成によって空気がきれいになる」「湿度を調節してくれる」「インテリアとしておしゃれ」「育てる楽しみがある」などさまざまな理由があります。風水でも観葉植物は開運アイテムとして重宝《ちょうほう》します。大黒柱がない家では観葉植物が大黒柱の替わりになりますし、弱い方位の気を強化するパワーアップアイテムとしても使えます。

そのほか、方位別でも観葉植物は効果をもたらしてくれます。勉強や仕事に集中したいなら北、財運アップなら東北、仕事で頑張りたいなら東、人間関係をよくしたいなら東南、才能を磨きたいなら南、頑張る力がほしいなら南西、金運を上げたいなら西、出世したいなら北西に観葉植物を置けばいいのです。

運トレメモ

風水では「難は植物で隠せ」といい、植物にはダメージを補い、厄を吸収する作用がある。キッチン、玄関、洗面所などダメージにある場所に飾るとダメージをカバーしてくれる。

各運の効果

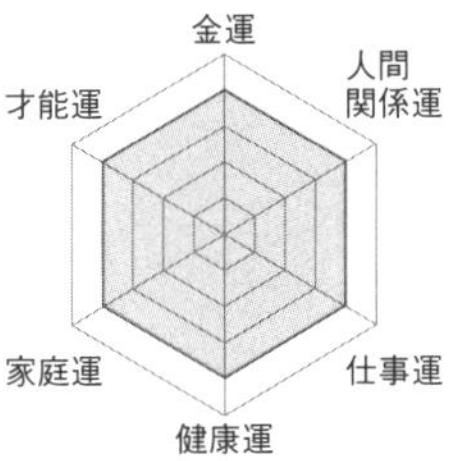

運トレ難易度

易・普・難

運上昇度

90%

運トレ時間

随時

家の周囲を回って運と厄のパトロールをする

運トレ 074

その家の主は日に一回、家の四隅を見てまわれ。

家の周辺に気を配らないと邪気が侵入してしまう

家の中を掃除するのは開運の基本ですが、家の外もきれいにしておくことも大切です。一戸建てなら敷地の周囲、マンションなら玄関の外やベランダをチェックしてみましょう。そこにタバコの吸い殻や落ち葉、ゴミなどが落ちていたらすぐに拾って掃除しておかないと、せっかくの幸運が家を素通りしてしまいます。ゴミをうっかり放置するとゴミがゴミを呼ぶので、一日一回、家の周囲をチェックするといいでしょう。これで敷地内に自分の気がマーキングされ、邪気はもちろん、ハトやカラスの侵入も予防できます。

風水では幸運は玄関から入ってくると考えます。そのため、玄関前に不要な物が置かれていたり、汚いとせっかくの幸運に厄がつくことになるので片付けましょう。

運トレメモ

1カ月に2〜3度、戸建てなら敷地の四隅を日本酒と盛り塩、集合住宅なら専有面積の四隅に盛り塩をして清めると、家全体が厄から守られる。

各運の効果

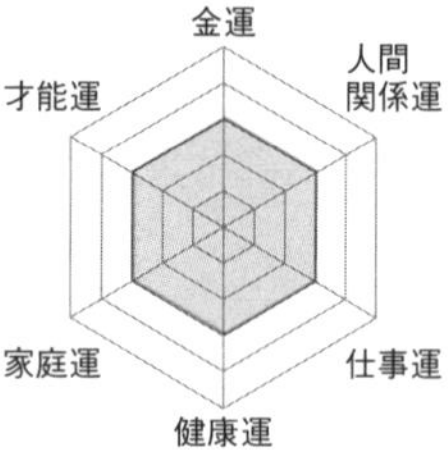

運トレ難易度

易・普・難（普）

運上昇度

80%

運トレ時間

1日1回

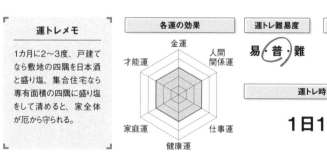

Chapter 5

不調な時こそ試したい運トレ7

生きていれば不調な時や悩みに落ち込むことも多々あるものです。ただ、それをマイナスにとらえるか、バネにするかは考え方次第。運のいい人がいつもパワフルで、かつ穏やかなのは、体内の運のバランスを図り、コントロールしているからなのです。

運のいい人でも
厄はつくが、
いち早く落とす術を
知っている

運トレ
075
悩みこそ伸びしろ

解決できるからその悩みがやって来る

人間関係の悩み、お金の悩み、仕事の悩み、家庭の悩み、健康の悩み。人の悩みは尽きません。ただ、風水では「悩みがあるのは伸びしろがある」と考えます。悩むのは、あなた自身も「もしかしたら」と思うからこそ。そうでなければ、「とうてい無理」と最初からその問題を避けて通るはずです。このように悩むのは取り組む力があるからであり、そこが伸びしろとなります。「自分の能力を超える悩みはやってこない」と腹をくくり、悩み解決に向かえば運が開けます。

悩みは神様からのあなたご指名のギフト。とうてい越えられそうにない高い壁に思えても、神様から見ればあともうちょっとの高さと思っているかもしれません。自分を信じて勢いよくジャンプすれば、必ずクリアできます。

悩みは神様からのギフト。あなたの運を試すチャンス。

運トレメモ

さまざまな悩みに立ち向かって得られるのは、結果だけではなく、経験と知恵、そして運も身につく。挑戦して失うものより得るもののほうが多い。

各運の効果

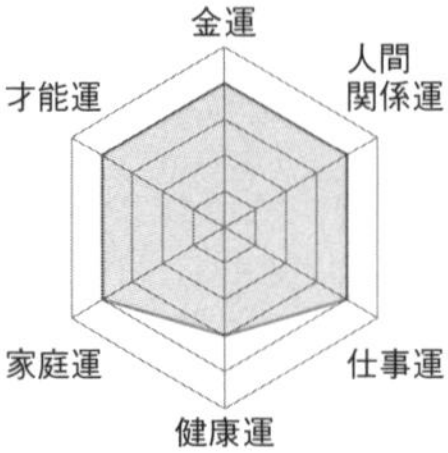

運トレ難易度

易・普・難

運上昇度

80%

運トレ時間

悩みがある時

運トレ
076

悩みと縁を切りたいなら髪を切れ

☑ 迷いや未練がその場でスパッと断ち切れる

悩み事を抱えた時、思わず頭をかきむしりたくなったことありませんか？　これは無意識に髪の毛に宿《やど》った厄を払い落とそうとしているのです。

風水では「体内の厄は髪にのって外へ伸び、そのまま頭部に巣くう」と考えます。だから手っ取り早く悩みを断ち切りたいなら、ヘアカットが一番。髪と一緒に迷いや未練が断ち切れるだけでなく、ヘアスタイルが軽くなって若返り、気持ちも明るく前向きに切り替わります。

「大胆なイメチェンは運気を大胆に変える」と風水では考えます。1～2㎝程度をちまちまと切るより思い切って短くしたほうが効果的です。シャンプーやトリートメントを変えるのも、運気を変えるのに役立ちます。

厄がついた髪をバッサリと切る。

運トレメモ

ヘッドスパをすると頭皮にこびりついた厄が落ちるので試してみて。また、頭皮が柔らかくなり、それこそ柔軟な発想を生み出すことに。

各運の効果

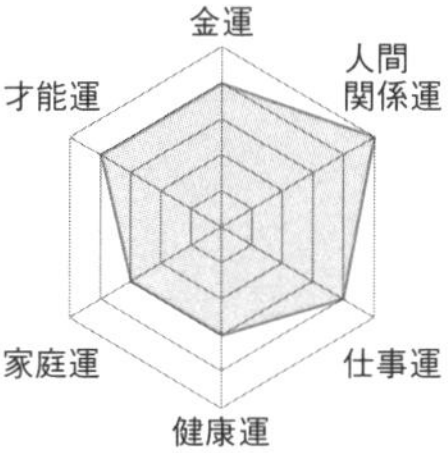

運トレ難易度

易・普・難

運上昇度

70%

運トレ時間

厄がついた時

運トレ
077
嫌な目に遭った時の服を着るな

☑ **服は運を記憶するので、同じことが起こりやすい**

「この服を着ると、あまりいいことがない」。そういう服を持っていますか？　もしあるなら、すぐに捨てましょう。布に不運が記憶されているからです。「高かったから」「気に入っているから」「もったいないから」という理由でいつまでも取っておくと、今度は収納スペース内に悪い気をじんわり放ち、他の服にも伝染してしまう恐れが出てきます。

服に限らず、運の悪い物は転売したり人に譲ったりせず、粗塩を振ってゴミとして処分しましょう。どうしても捨てられない時は、洗える素材なら洗濯して日光と風を当ててください。洗えない場合はクリーニングに出し、粗塩をパラパラ振ってから着ること。それでもダメなら、潔《いさぎよ》く処分してください。

開運ファッションは、流行よりもツキを重視。

運トレメモ

逆によいことがあった時に着ていた服は勝負服となる。そのほか、運のいい人からのプレゼントされた服、運のいい人のファッションを真似るのも開運につながる。

各運の効果

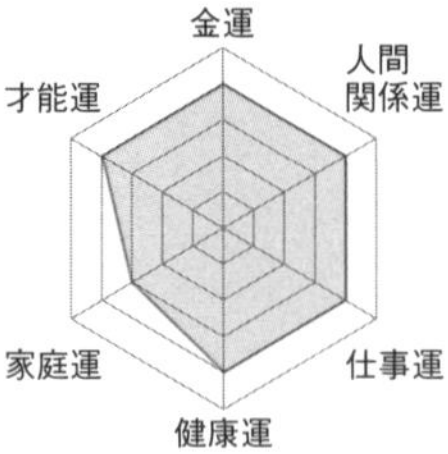

運トレ難易度

易・普・難（普に丸印）

運上昇度

70%

運トレ時間

外出時

運トレ

078

先が見えない時は穴の開いたものを食べる

☑「この先どうなるか」がうっすら見えてくる

「収入が大幅に減った」「勤めている会社がつぶれそう」など先の見えないトンネルで迷い込んでしまった時は、右往左往・ジタバタしても仕方ありません。そんな時は家の中を掃除するのが一番です。掃除に勝《まさ》る開運法はありません。

しかし、もっと簡単な方法としては、「先行き不透明な時は、ちくわやれんこんなど穴の空いたものを食べよ」と風水ではいいます。穴の空いた食材を食べると、見通しが立ってきます。金運を上げて迷いや不安から脱出したいなら、ちくわのカレー炒め、れんこんと鶏肉の炒り煮などを食卓に出しましょう。健康面で不安があるならキュウリちくわ、人間関係で迷っているならチーズちくわがいいですね。ドーナツやバウムクーヘンなど甘いお菓子も金運の不安を解消します。

れんこん、ちくわで将来の見通しがよくなる。

運トレメモ

緑黄色野菜には、不運に負けない免疫力をつけるパワーがある。朝の目覚めが悪い、疲れがとれない、気分が重い……という時はぜひ。

各運の効果

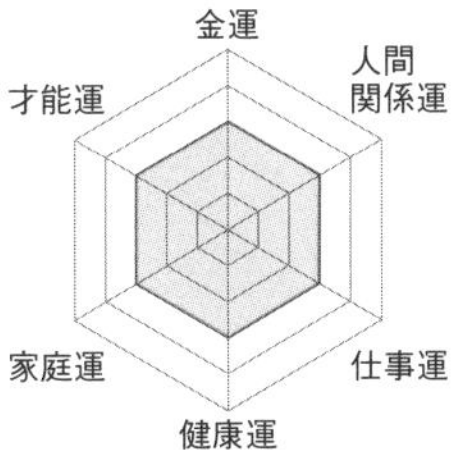

運トレ難易度

易・普・難

運上昇度

70%

運トレ時間

不安を感じた時

運トレ
079
疲労困憊の日の入浴は夕飯前に済ませる

☑厄を落としてから食べれば、運をすんなり吸収できる

「寝る直前にお風呂に入る」という人は少なくありません。しかし風水では、「外から帰ったら、なるべく早く心身を清めよ」といいます。そのまま室内を歩き回ったりくつろいだりすると、厄が家の中に付着してしまうからです。

厄がついたまま夕飯を食べると、その日1日についた厄が、口から入った幸運パワーの吸収を阻害することに。「運は清らかなところに宿る」という法則があるので、入浴は夕食前にすませましょう。すっきりしてから食べれば、運はしっかり体内に宿ります。バスタイムは「烏《からす》の行水」ではいけません。風水では「10分早く寝るより、10分長く風呂に入る」というほど。夏でもシャワーで済まさずに、浴槽にお湯をためて浸《つ》かるようにしてください。

嫌なことがあった日は、帰宅早々に入浴で心身のリフレッシュを。

運トレメモ

入浴はぬるめのお湯に浸かりながら、気の向くままに考え事をする。心身がリラックスしている時に思い浮かんだことは開運チャンスにつながる。

各運の効果

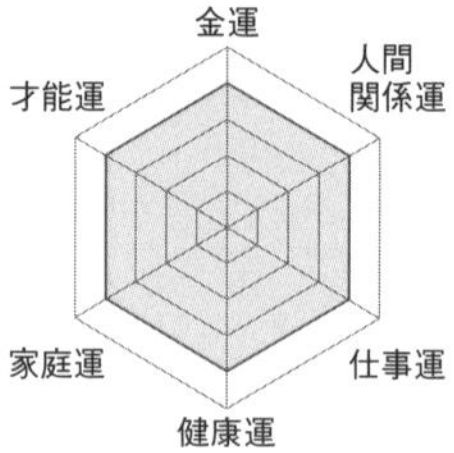

運トレ難易度

易・普・難

運上昇度

80%

運トレ時間

夕食前

運トレ
080
不調な時は海へ行け

☑寄せては返す波が、暗い気持ちを引き取ってくれる

「母なる海」という言葉は、地球で最初の生物が誕生したのは海中であり、海はすべての生命の源《みなもと》という意味です。人間の体内の約60％は水分ですが、その成分は太古の海水に似ているといわれます。私たちの体内には、「母」からもらった恵みが脈々と受け継がれているのです。

母なる海は、「子ども」である私たちがつらい時や苦しい時、その気持ちをおおらかに受け止めてくれます。波打ち際に立つだけで気持ちが癒《いや》されるのは、寄せる波が暗い感情を引き受け、引く波がそれを海の彼方《かなた》へ運び去ってくれるから。憂うつな時、不安な時、落ち込んだ時は海へ行きましょう。海岸の砂浜を裸足で歩けば、大地からやる気と根気がもらえます。

母なる海の波打ちが、ささくれだった心を癒す。

運トレメモ

海の環境音を聞きながら景色を思い浮かべるだけでもよい。仕事運と健康運アップなら朝の海、才能運と美容運なら昼の海、金運と恋愛運なら夕方の海をイメージすること。

各運の効果

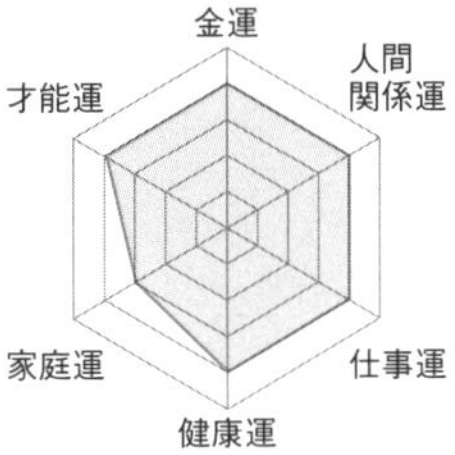

運トレ難易度

易・普・難

運上昇度

80％ ➡

運トレ時間

心が落ち着かない時

運トレ

081

「ちょっと贅沢」で気が晴れる

☑頑張っている自分にごほうびをあげるといい

家で悶々《もんもん》と気持ちがふさいでしまう時もあるでしょう。そういった時は、そのまま放っておかず、プチ贅沢を試みましょう。やり方は簡単で、毎日使う日用品を少しグレードアップするのです。たとえば今まで千円のシャンプーを使っていたのなら2千円の物に変える、2千円の化粧品を使っていたのなら3千円の物を使ってみるなど。手に取って使うたびに心が癒《いや》され、元気が復活します。欲しかった物を思い切って買ってみるのも運気を変える方法です。

家事や育児を一生懸命頑張っても、他人はなかなか褒《ほ》めてくれないもの。たまには「私はよくやっている！」と自分で自分を褒め、ごほうびのプチ贅沢で労をねぎらってください。

プチ贅沢で、心と運の補充を。

運トレメモ

自分を褒めることが大切。鏡を見ながら「今日もかわいい」、料理をつくったら「おいしい！　天才かも」、出かける前に着替えたら「この服、よく似合ってる」と声がけして。

各運の効果

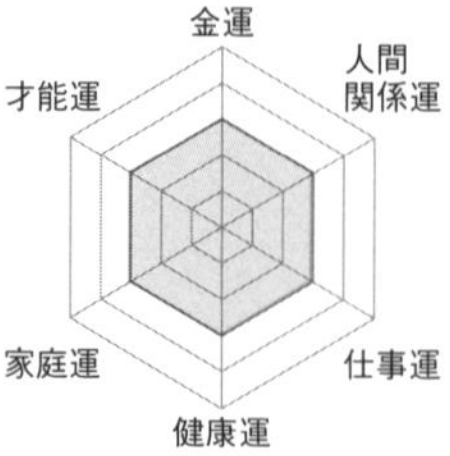

運トレ難易度

易・普・難

運上昇度

85%

運トレ時間

落ち込んでいる時

Chapter 6

ここ一番の時に効く運トレ19

人生には「ここぞ！」と勝負しなければいけないシーンがあります。運のいい人はその見極めと勝負運が強いのです。つまり、運を出すタイミングに優れているのです。ここでは運を刺激して、放出するための「運テク」を紹介します。

運を使うタイミングを鍛えよ！

強く思えば現実となる

運トレ 082

思いの力が強いほど現実を変える力も強くなる

「頭の中で強く願うと現実が塗り変わる」と風水ではいいます。つまり今の状態がどうであれ、思い描いたことは現実化するということ。そして思いの力が強ければ強いほど、現実を変える力も強くなります。

たとえば、「マイホームが欲しい」ならば、どんな土地のどんな家で過ごしたいか、具体的にイメージすることです。さらに一戸建てなのか、マンションなのか、どんな間取りがいいのか、家の広さは何平米か、何階建てかを決めます。そして、値段はいくらぐらいか、最後にいつまでに買うかを、すべて紙に書き出してください。

「すてきな恋人を見つけたい」なら、日ごろからおしゃれをして、よい香りのするお茶を飲みながら、東南に顔を向けてデートを楽しむ自分をイメージするといいのです。

夢を現実化したいなら、具体的にイメージする。

運トレメモ

ウキウキ・ワクワク感が強ければ強いほど、現実化する可能性が高くなる。リアルにイメージすることを心がけて。ただ、人を陥れたり、邪念が入ると、夢に厄がつくので注意を。

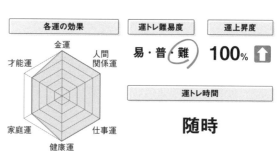

各運の効果

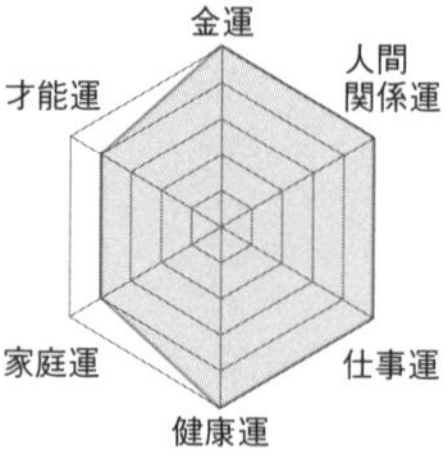

運トレ難易度

易・普・難

運上昇度

100%

運トレ時間

随時

爪は幸せ色に染めよ

運トレ
083

その年のラッキーカラーを塗るとその年の幸運がくる

「指先のきれいな女は幸せをつかむのがうまい」と風水ではいいます。普段のハンドケアや指先ケアも大切ですが、もっと強力に運気を上げたいなら、ネイルの色にその思いを託してください。

運全般を上げたのなら、その年のラッキーカラーのマニキュアを塗りましょう。特に元旦の新年一番最初のネイルを、その年のラッキーカラーにすることで、一年のスムーズなスタートを約束してくれます。そのほか、不運を予防したいならラベンダー色、いい変化を呼びたいなら黄色、気持ちを安定させたいならベージュ、金運を上げたいならゴールド、物事を滞《とどこお》りなく進めたいならブルーです。

単色でもいいし、複数を組み合わせてもすてきです。風水では「光は幸運を呼び、不運を跳ね返す」と考えるので、きれいなツヤが出るものやラメ入りがおすすめです。

爪には運も厄も宿る。

運トレメモ

指それぞれに運の意味を持つ。右手・左手ともに人差し指は「一番になる!」、中指には「嫌なものを弾き飛ばす」、左手小指は「大切にされる・愛される」という意味を持つ。

各運の効果

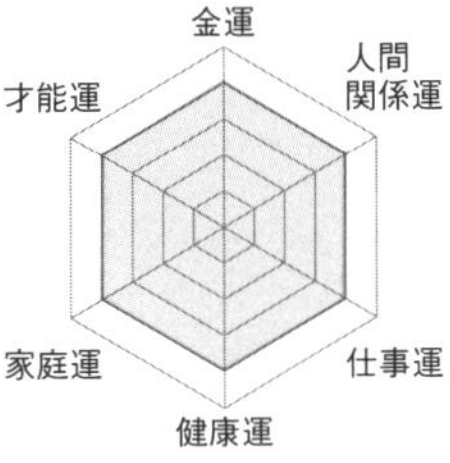

運トレ難易度

易・普・難（普）

運上昇度

80%

運トレ時間

随時

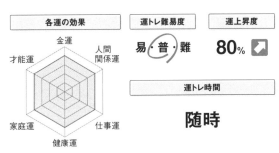

味噌汁の味噌を変える

運トレ
084

特別な日の朝は味噌汁は不可欠

味噌汁は、運気のいい食べ物で毎朝飲みたいメニューです。味噌はコツコツと努力することで成功を手に入れ、財産を築くという効果があり、味噌汁には家庭運を上げるパワーがあります。子どもの受験や転職の面接日などの特別な日の朝には欠かせない一品です。

ただ、風水では「いつも同じものばかり使っていると、舌も運も飽きてマンネリになる」といいます。味噌には仙台味噌、信州味噌、江戸味噌、九州味噌など産地によって味や色はさまざま。味噌汁の味噌を変えるだけで、驚くほどの変化が生まれます。

ついでに具も変えてみましょう。風水では「白くて四角ものは財産運を高める」と考えるので、豆腐は財産運を上げる食材。金運を上げたければ、卵や油揚げ、人間関係運を上げるならわかめ、直感力を上げるならあさりやしじみなどの貝類がおすすめです。

味噌汁の味噌と具を変えれば運気も変わる。

運トレメモ

「味噌の医者いらず」といわれるように、タンパク質やアミノ酸、ビタミンをたっぷり含む発酵食品。日々の食卓に取り入れることで腸内環境が改善され、免疫力も高まる。

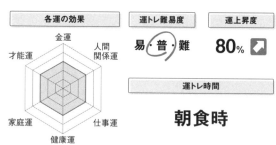

各運の効果

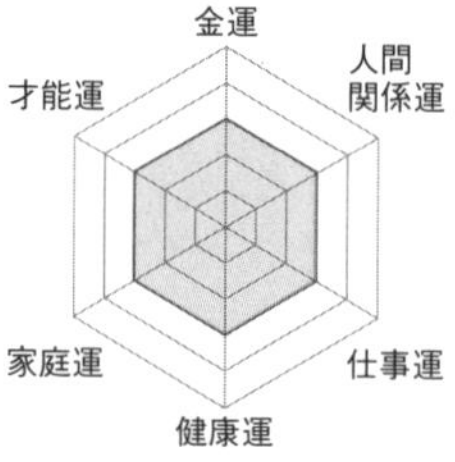

運トレ難易度

易・普・難

運上昇度

80% ↗

運トレ時間

朝食時

勝負は最初のひと箸で決まる

運トレ 085

最初に箸をつけたもののパワーは、終日体内に宿る

受験や資格試験、面接など、何が何でも勝たねばならない勝負の日には、朝一番に口に入れるものにこだわってみてください。風水では、「最初に箸をつけたもののパワーは、終日体内に宿る」といいます。

場の雰囲気に圧倒されず、実力を発揮したいなら梅干しやトマト、いちごなどの赤いもの、長丁場だけど最後まで頑張りたいならきんぴらごぼうなどの根菜類、カンを働かせて難所を乗り越えたいならシーフードサラダがいいでしょう。

縁起をかついだメニューもおすすめで、カツは勝負に勝つ、オクラ納豆はネバーギブアップ、カツオは勝つ男、おむすびは努力が実を結ぶ、ウインナーはwinner（勝者）、タコは多幸など。そして、朝食時の最後のひと口も、最初と同じもので締めるのがコツです。

朝起きてからの最初のひと口が、その日の運を決める。

運トレメモ

朝食はその日の運を決めるので必ずとること。金運を上げる卵、人間関係運を上げる魚、健康運を上げる梅干し、家庭運を上げる味噌汁などバランスよくとることが大切。

各運の効果

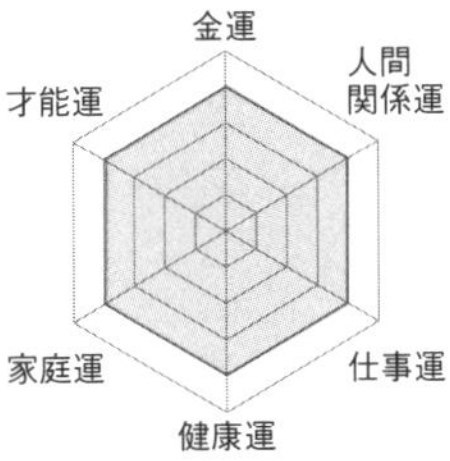

運トレ難易度

易・普・難

運上昇度

80%

運トレ時間

朝食時

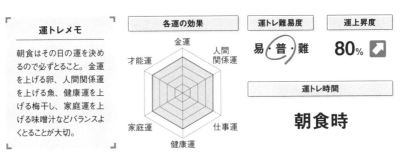

懐かしの味で運を巻き戻す

運トレ
086

軌道修正したい時は、昔の好物を食べる。

☑ 昔の好物は、運気のねじれを直してくれる

「今の環境は自分が望んだものじゃない」「どんどん違うほうに向かっている気がする」など、自分の人生に自信がなくなった時は、子どもの時によく食べたものを食べてみましょう。「あの時は○○に憧れていたなあ」「大きな夢があったなあ」など当時の懐かしい思い出がよみがえると同時に、元気が湧いてくるはず。

「昔よく食べた物は運気を巻き戻す」と風水ではいいます。昔食べていた物が、現在でも残っているのは多くの人に愛されている証拠。名物や名産品、老舗《しにせ》の店の逸品《いっぴん》など、長い歴史を刻《きざ》んできた物には、それだけのパワーを含んでいるのです。

特に郷土料理や故郷の食材やお菓子を食べると、細胞が記憶を取り戻して活性化し、力が出てきます。弱った時は「原点」に戻るのが一番です。

運トレメモ

「過去」を訪ねるのも運気を変えるのに効果的。故郷に帰ってゆっくりする、自分のルーツを調べる、名前に使われた漢字の意味をたどるなど、過去が未来を切り開いてくれる。

各運の効果

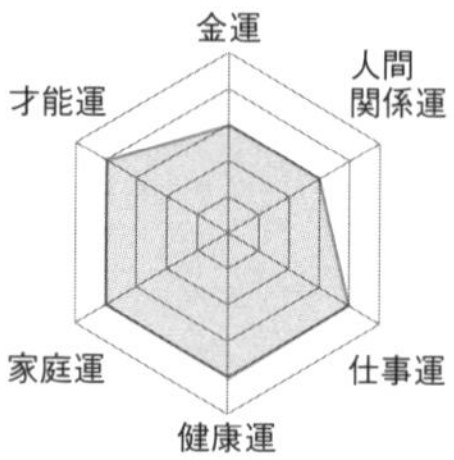

運トレ難易度

易・普・難

運上昇度

80%

運トレ時間

自信をなくしている時

吉方位の土地で採れた物を食べる

運トレ 087

吉方位の運気は、食べ物からでも得られる。

方位のパワーが体内に吸収され、運がつく

最高の開運法は吉方位旅行ですが、たとえ行けなくても吉方位の運を得ることはできます。それはネットを利用して、その地の食材や名産品を取り寄せて食べればいいだけ。口に入った瞬間から、土地の吉パワーがあなたの体内に放たれます。吉方位なら素直に「おいしい」と感じたり、食べたあとに何かしらいいことが起きるでしょう。逆に凶方位だと食事の満足度は低くなりがちです。

吉方位は本命星で毎月変わります。方位は地図やアプリなどを利用して、事前にしっかりチェックしてください。いつも買い物に出かけるスーパーやコンビニの方位も調べておきましょう。「今月は東が吉方位」という時は、自宅から東にある店に買いに行くのです。その店で買った品物には「東のパワーが宿る」と考えます。

運トレメモ

食材にはその土地の大地からのパワーが宿っており、そこから自分のもとに移動していく間に方位の運がつくと考える。お取り寄せは方位を調べてからが運トレの基本。

各運の効果

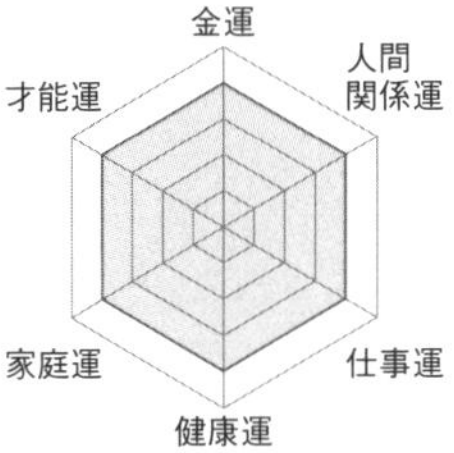

運トレ難易度

易・普・難

運上昇度

90%

運トレ時間

随時

勝負の前日には赤ワイン

運トレ
088

☑ ワインレッドが弱った心にカツを入れてくれる

「よし、頑張るぞ！」「大丈夫、負けるもんか！」と気合いを入れたい、自信を取り戻したい時には、夕食時に赤ワインをグラス1杯程度いただきましょう。赤ワインの「ワインレッド」は自立の色で、決断に迷う時や将来の見通しが立たずに不安を感じる時に、今の状況から新しい一歩を踏み出せます。

赤ワインに含まれるポリフェノールには、ストレス耐性を高める作用やアンチエイジング作用、認知症予防の効果が上げてくれます。適量のアルコールは心身の緊張をゆるめ、リラックスさせてくれるのでぜひ。

さらに飲むなら、運のいいワインを飲むことです。ワインは製造年と産地によって選ぶのが基本。製造された年によって吉凶が異なります。生産地がいい運気に恵まれた年だと、その年にその土地でつくられたワインは運がいいということになります。

赤ワインは飲むと、運気と活力が得られる。

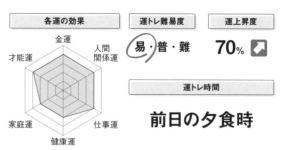

運トレメモ

アルコールが苦手な人は豚肉の赤ワイン煮やチリコンカン（豆の煮込み）、フルーツコンポートなど、赤ワインを使った料理メニューを食べるといい。

各運の効果

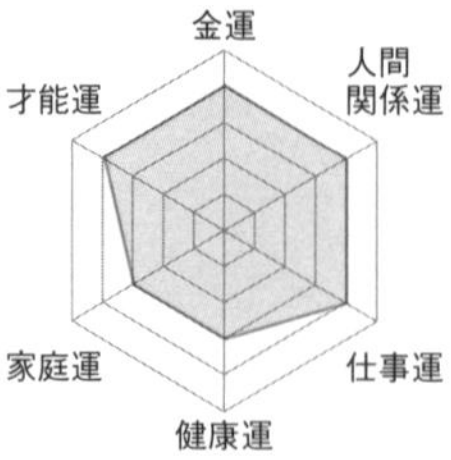

運トレ難易度

易・普・難

運上昇度

70%

運トレ時間

前日の夕食時

毎月15日と冬至には梅干しを食べる

運トレ 089

体内の陰と陽が逆転し、身も心も元気になる

赤くて丸い梅干しは、風水では「太陽の疑似《ぎじ》」と考えます。6月の夏至前後に漬ける梅干しは、陽のパワーに満ちた食べ物だからです。そのため、ひと粒食べるだけで陽の気が吸収できるうえ、疲労回復やインフルエンザ予防に役立つ成分も梅干しには含まれています。

風水では「決心の梅干し」という開運方法があります。毎月15日に3粒の梅干しを東を向いて食べて、やりたいことを口にすると願いが叶うといいます。

また、「冬至に梅干し」という開運法では「冬至に梅干しを食べれば体内に陽の気が放たれ、冷えた体と運気が温まる」といいます。冬至は陰の気が極まり、この日を境に陽の気が増え始めますが、梅干しが体内バランスを調整してくれるのです。

梅干しを食べて、体内に陽のパワーをチャージする。

運トレメモ

宝くじや懸賞、ギャンブルで勝ちたい時は、朝食に梅干しを食べて、「○○を当てて、○○するぞ」と決意を声に出すと、勝負運が上がる。

各運の効果

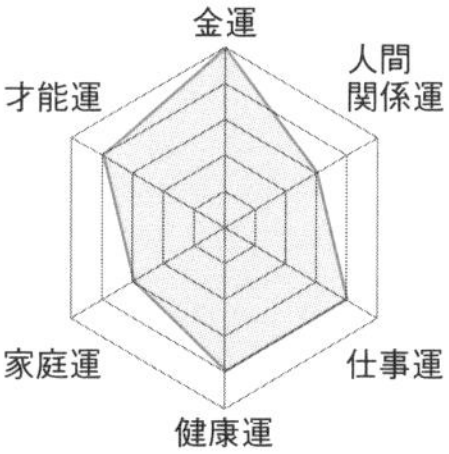

運トレ難易度

易・普・難

運上昇度

80%

運トレ時間

毎月15日、冬至

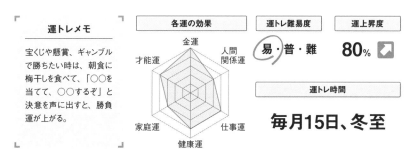

運を劇的に変える食チャレンジ

運トレ 090

激辛料理で運に喝を、苦手食材で

しょうが、山椒《さんしょう》、ラー油、タバスコなどを効かしたピリ辛料理は、運気の落ち込み防止に効果があります。風水では「赤くて辛い食べ物は嫌な人と縁が切れる」というので、人間関係に悩みがあるなら辛い食べ物を進んでとりましょう。開運ピリ辛メニューで代表的なのはカレーですが、金運を上げるならチキンカレー、仕事運ならポークカレー、財産運ならビーフカレーが吉。特にツイてないなと感じたら、香辛料やスパイスを工夫して、いつもより辛めにつくるのがコツです。

嫌いな食べ物にあえてチャレンジするのも、「今までの流れを断ち切る」という意味では、とても効果がある厄落としです。食べ物に好き嫌いがある人はどうしても運も偏《かたよ》って、損をする体質になります。普段食べない物が体の中に入ることで、運気が違う方向に動き出しますよ。

ピリ辛料理で運に喝を、苦手食材で厄落としを。

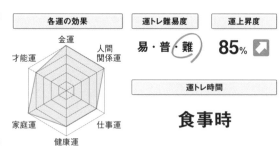

運トレメモ

「運は食事でつくられる」と風水ではいう。食事で運を上げるには、その年のラッキーフード、吉方位の食材、旬のもの、自分か家族の手作りが基本。

各運の効果

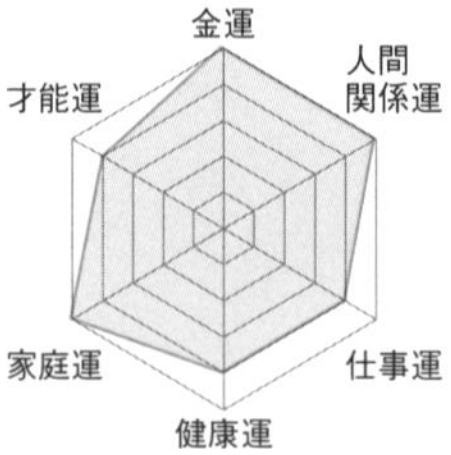

運トレ難易度

易・普・難

運上昇度

85%

運トレ時間

食事時

ひとりの時こそオシャレを意識する

運トレ 091

だらしない格好でいると幸運から嫌われる

「今日は人と会わない」「外に出るのは買い物の時くらい」と、だらしない格好で過ごしていると運はどんどん下がっていきます。「だらしなさは運の落ち始め」と風水ではいいます。心のたるみが運気をたるませ、自分でも気づかないうちにどんどんツキが落ちてしまいます。生活態度はそのまま雰囲気ににじみ出るもの。朝起きたらヘアメイクを整え、誰に会っても恥ずかしくない格好で過ごしましょう。仕事仲間や友だちとオンラインで話す時も、直接会う時と同じようにメイクやファッションに気を配ることが大切です。

「運は千里を走る」。オンラインや電話などだらしない恰好をしていても、相手にはその雰囲気や運不運は伝わっているもの。きちんとした装いなら、その気持ちや姿勢が伝わります。

幸運は健全な心身に宿る。

運トレメモ

住まいでも同じことがいえる。来客がない家はどうしても掃除や片付けが行き届かずに、運がない家になってしまいがち。他人の目が人にも家にも緊張感をもたらす。

各運の効果

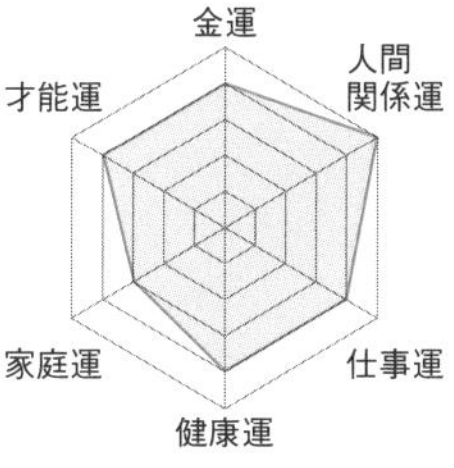

運トレ難易度

易・普・難

運上昇度

80%

運トレ時間

在宅時

気分と運気を一新したいなら香りを変える

運トレ 092

好きな香りで気分が上がり、運気もパッと上向く

好きな香りでホッと癒《いや》されたこと、ありませんか？　嗅覚は脳に直結しているので、ほんのわずか嗅いだだけでも気分が大きく左右されます。

風水では「よい香りは厄を落とし、それぞれの香りにピッタリな運気を呼び寄せる」といいます。シトラス系の香りは金運を高めると同時に厄を防御し、フローラル系は人間関係運をよくし、ヒノキは周囲の空気を清めます。

アロマスプレーをひと吹きするのもおすすめです。抗菌・殺菌作用のあるユーカリやティーツリー、クールダウン作用のあるハッカなど、香りをいろいろ楽しんでみましょう。また、住まいはもちろん、浴室の石けんや洗面所のハンドソープ、マスク、ハンドクリームなどの香りを楽しむのも吉です。

開運、厄除け、癒しなど香りを巧みに使い分ける。

運トレメモ

よい香りの湯船に浸かることで厄は祓い清められる。バスタイムでは入浴剤などで香りのアレンジをすると体と心の疲れを取るだけでなく、厄を吹き飛ばし、運気もリフレッシュできる。

各運の効果

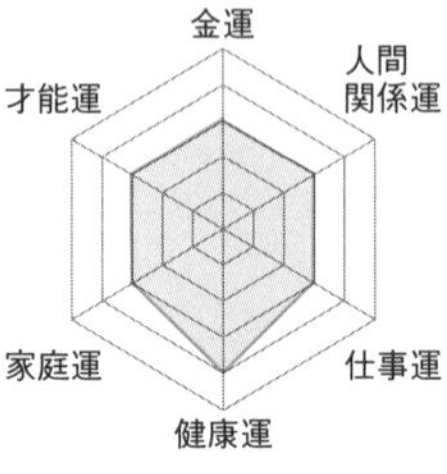

運トレ難易度

易・普・難

運上昇度

75%

運トレ時間

切り替えたい時

運のつまりは大声を出せ

運トレ 093

背筋を伸ばして話すと心と運にカツが入る

声を出すことで運気はアップします。夢や目標を思考するだけでは、脳からの命令にすぎませんが、声が出すことで自身の耳からも音の振動となって入り、五感に響くからです。

また、声を出すことは体内の不運を吐き出す行為でもあります。大声で叫ぶことは時と場所を選びますが、カラオケをうたう、コンサートやスポーツ観戦で声を出して応援する、ジェットコースターに乗って叫ぶなども、開運法のひとつ。

人との会話においては声のボリュームが大切です。声は空気を震わせ、それが波動として空間に広がりますが、その時のメリハリが強いほど相手の心に伝わりやすくなります。相手に届く声を出すには、背骨を立ててお腹《なか》の底から声を出すこと。これで本人の中心軸もまっすぐ伸び、心にも運にもカツが入ります。

声のボリュームで開運と厄落としを。

運トレメモ

「弱々しい声」「トゲトゲした声」など、声を聞けば本人の運気がわかる。人から好かれるのは、「明るいトーンのはっきりした声」「適度なボリュームの、適度な速さの声」。

各運の効果

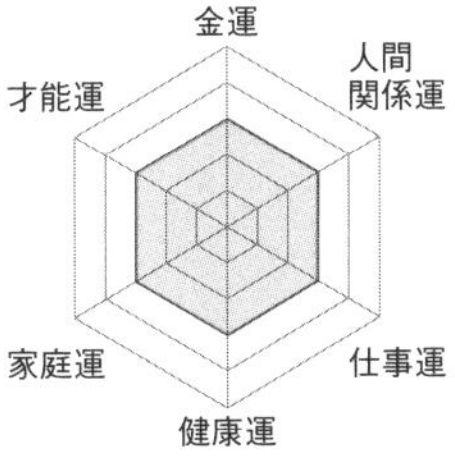

運トレ難易度

易・普・難

運上昇度

80%

運トレ時間

随時

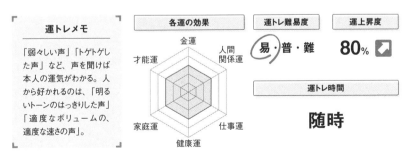

誕生日は運の変わり目

運トレ
094

前後10日間に髪型を変えると運が大きく変わる

運はマンネリを嫌います。仕事や勉強など日々同じような日常を送っていませんか？　もしそうなら、運はいつまでも好転してくれません。昨日と違う今日、今日と違う明日を送るために記念日を設定し、意識することが重要になります。クリスマス、バレンタインデーなど多くの人がイベントとして楽しむのは、日常を打破したいからです。

記念日の中でも誕生日は運を変える絶好のチャンスです。この世に生を受けたということは、あなたの世界が黒から白に反転したということ。誕生日とは、不可能が可能に変わるビッグチャンスデーなのです。その作用は年に1度、生きている限り続きます。当日に限らず、誕生日の前後10日間は「奇跡を起こせる日」と考えてください。手っ取り早く運を変えたいなら、まずは髪型を変えてみましょう。

誕生日は運気を変える大チャンスデイ。

運トレメモ

運を大きく切り替える日は、新しい一年が始まる元旦、旧暦の上での大晦日である節分、そして自身の誕生日。その日は過去を振り返り、新しい夢や目標を定める。

各運の効果

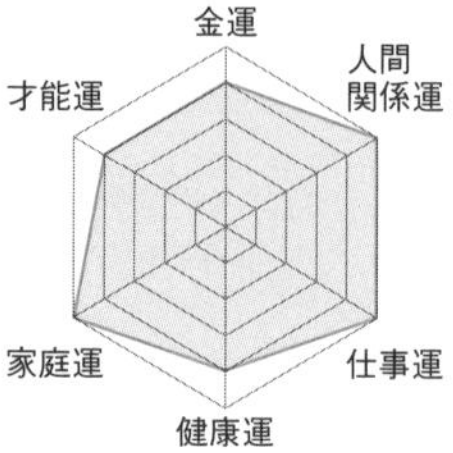

運トレ難易度

易・普・難（普に丸印）

運上昇度

100%

運トレ時間

誕生日

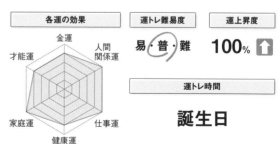

無理難題も時には必要

運トレ
095

眠っていた運と才能が刺激されて目を覚ます

お金持ちになった人、出世した人、才能を認められて有名になった人。いわゆる「成功者」の共通点は彼らには根性があったからです。多少つらいことがあっても放り投げず、最後まで頑張り抜く根気がありました。

あなたは「こんな難しい課題や仕事、自分にはとても無理！」と逃げてしまっていませんか？　でも、「無理難題を押しつけられないと出てこない運や才能がある」と風水ではいいます。実はあなたの体内には、あなたの知らない運や才能がふわふわ漂っています。それらは普段は表に出ることがありませんが、上から重石をギュッとのせられると、パッと目を覚ましてヒュッと飛び出してくることがあります。「火事場の馬鹿力」という言葉があるように、勉強や仕事で負荷がかかると、自分でも知らない未知のパワーが出てくることがあるのです。

あきらめない気力と踏ん張る体力があれば成功する。

運トレメモ

根気を育てたいなら、住まいの東北、中心、南西を結ぶ鬼門ラインに風水を。東北と南西には観葉植物と盛り塩、中心にはラベンダー色と黄色のアイテムを置く。

各運の効果

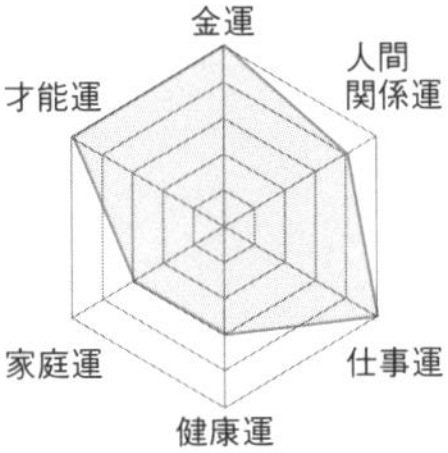

運トレ難易度

易・普・難（難に丸）

運上昇度

80%

運トレ時間

困難に
立ち向かう時

「ちょっと違う」が大きな分かれ目

運トレ **096**

☑ 大きな幸せを好き嫌いで逃がしてしまうことがある

自分の考えを持つことは重要ですが、その考えの根拠は何でしょうか？　安易に「うーん、ちょっと違う」と感じて、選択肢を捨ててしまうのはよくあること。しかし、それによって運気を落とすもとになっています。もしかすると、その「ちょっと」が成功と失敗の大きな分かれ目になるかもしれません。

大きな違いは誰にでもわかりますが、肝心なのは小さな違いです。運のいい人はささいな違いを敏感に嗅ぎ分けて取捨選択しますが、運のない人は違いがわからず、好き嫌いでチャンスを放り投げてしまいます。特に好き嫌いの多い人、面倒くさがり屋の人は、「ちょっと違う」「自分には合わない」を簡単に口にしがち。「何が違うのか」をはっきりさせないと、大きなチャンスを見逃してしまうことがあるので注意しましょう。

感情でよい悪いを判断してはいけない。

運トレメモ

風水では「決断は南向き、思考は北向き」という。一番よくないのが「今決めなくてもいいから、まあいいや」と先延ばしにすることと他人に答えを出してもらうこと。

各運の効果

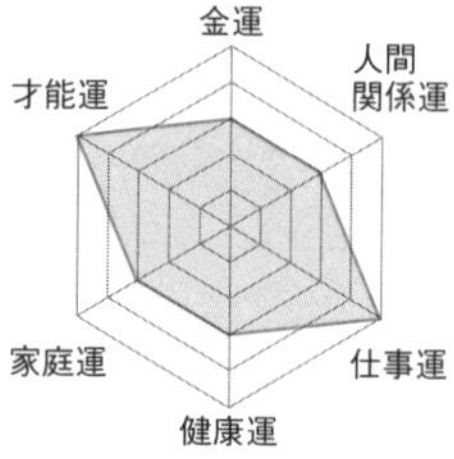

運トレ難易度

易・**普**・難

運上昇度

80%

運トレ時間

選択する時

中高時代のときめきを思い出す

運トレ
097

不純な動機こそ純粋な動機

中学時代、高校時代を思い出してください。その時に興味を持ったこと、夢中になった趣味、憧《あこが》れた人は誰ですか？
「中学〜高校時代は自分の核ができる時」と風水では考えます。その時に一番楽しかったことを自分の核（中心）に組み込みながら、人は成長していきます。
「あの人のように格好よくなりたい」「人前で目立ってモテたい」「お金持ちになって贅沢したい」などは、一見不純な動機に思えますが、裏を返せば正直ということ。つまり不純な動機こそ、純粋な動機になり得るのです。
今のあなたは、そういった憧れや願望を抱いて出来上がった存在です。しかし大人になると、「どうせ無理に決まってる」と夢に蓋《ふた》をしてしまうのは、あなたに「世間の一般常識」という厄がついてしまったからなのです。

人はもっと素直に、正直に生きていい。

運トレメモ

人は過去のチャレンジで失敗し、痛い目に遭った経験から臆病になる。そういった苦い思い出や不要な知識を、バネにするか、諦めの要因にするかは自分自身。

各運の効果

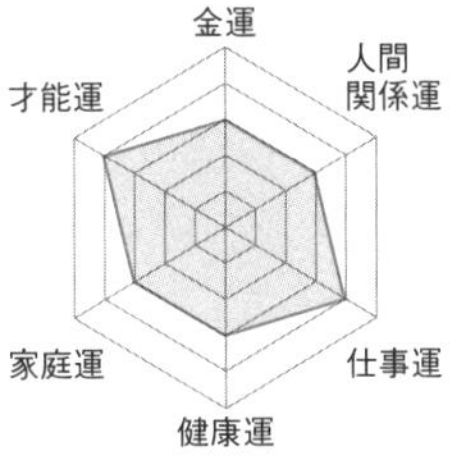

運トレ難易度

易・普・難

運上昇度

85%

運トレ時間

随時

高級品やブランド品はしまい込まない

運トレ 098

☑ 宝は使ってこそ輝く

高級ブランドの食器や服、ジュエリーなどをしまいっぱなしにしていませんか？　「しまい込むのは持ってないと同じ」と風水では考えます。せっかく大きなパワーを与えてくれるアイテムが家にあるのに、もったいないからと廉価品ばかり使っていると、いつまでたっても運が伸びません。高級品をありがたがっているのは、そのレベルで止まってしまうということ。

安物と高級品の違いは実際に使って初めてわかります。安物は「ペラペラで平面的」「ウキウキしない」「すぐダメになる」が、高級品は「ふところが深い」「気品が漂う」「長持ちする」などで、使えば使うほど味が出てくるものです。

今日からさっそく取り出して、普段用として使いましょう。最初は気後れしても、毎日使い続けるうち当たり前のことになってきますよ。

物を丁寧に感謝しながら使うと、開運アイテムになる。

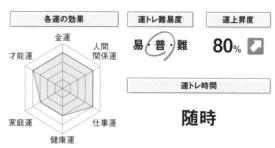

運トレメモ

貴金属は陽のパワーが宿るアイテム。元来は魔除けアイテムのため、厄除けにも効果がある。有名ブランド、老舗ブランドのものほど、その力は強く発揮される。

各運の効果

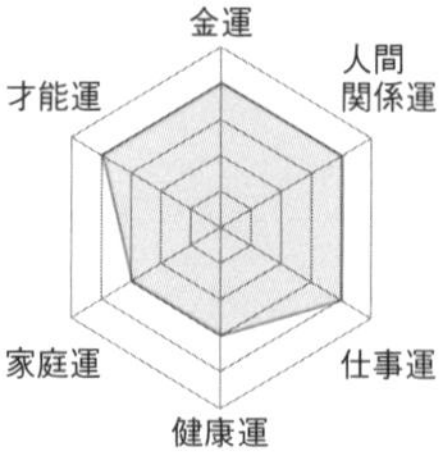

運トレ難易度

易・普・難

運上昇度

80%

運トレ時間

随時

ギャンブルを賭けてみる

運トレ 099

賭け事をすると、自分の運と気持ちにカツが入る

ギャンブルは一瞬のうちにお金が消えていくイメージもあり、拒絶する人もいるでしょう。でも、風水では「賭け事とは、自分の運と気持ちに賭けて鍛えること」ととらえます。金運が停滞している時に無理のない金額を賭けると、勝っても負けても運気にカツが入り、スムーズに流れ始めるのです。

ただ、風水では「賭け事は勝つべくして勝て」ともいいます。「ただ何となく賭けたら、何となく勝ってしまった」では、持っている運を削って勝っていることになります。勝負運を上げる風水をしてから臨めば、もともと持っている運を消耗せずに済みます。たとえば競馬なら勝ち運がすぐ高まるホットドッグ、宝くじなら勝ち運をじっくり育てる白くて丸い形状のお米、まんじゅう、大福などを食べてから勝負してみましょう。チキンカレーは勝負運と金運を同時に上げてくれます。

ギャンブルや宝くじ購入は運の滞りをスムーズにする。

運トレメモ

ギャンブルは堅苦しく考えず、運試しと思って楽しむこと。そしてもし当たったならば、貯め込むより自分や家族が喜ぶことにパーッと使うと、金運にはずみがつく。

各運の効果

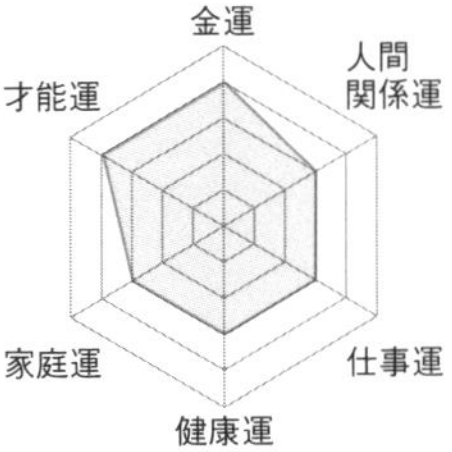

運トレ難易度

易・普・難

運上昇度

85%

運トレ時間

運の滞りを感じる時

3日間寝続ける

運トレ
100

何もしない3日間で、ツキのない環境を断ち切る。

究極の運を変える方法は「寝続ける」

運を劇的に変える究極の方法は、「3日間何もしないで寝続ける」です。やり方は、まず3日分の食事と水分を用意します。そして寝室をきれいに掃除して、白いシーツと枕カバーも3日分用意します。ラベンダー色のパジャマに着替えてから照明を消して、北枕か西枕で寝るのがルールです。その3日間は何もしてはいけません。

夜になったらお風呂に入り、ラベンダー色のパジャマも下着もシーツも新しくして再び布団に入ります。2日目も3日目も同じように過ごします。大事なのは必ず3日間続けること。

4日目の朝はあなたの出した厄が部屋に充満しているため、窓を開けて一気に換気してください。そして朝風呂に入り、残った厄も洗い流します。おそらく体も気持ちもかなり軽くなっていることを実感できるはずです。

運トレメモ

この3日間はスマホもネットも、テレビなど一切目にしてはいけない。トイレと食事以外は、布団の中でじっとしていると、自分の立場や環境を客観的に認識できるようになる。

各運の効果

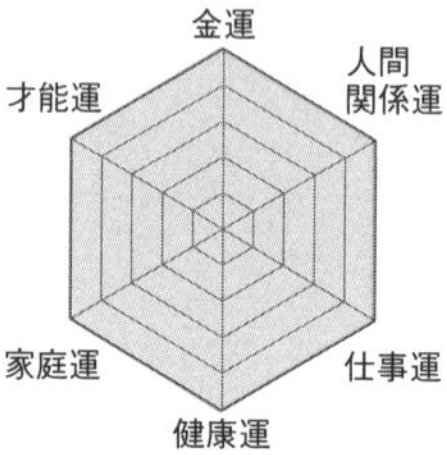

運トレ難易度

易・普・難

運上昇度

100%

運トレ時間

運の滞りを感じる時

あとがき

運のよい人はどんどん自分の夢を叶え、そればかりか周囲を幸せにしていきます。

運がよい人はいつの間にか成功し、豊かな暮らしをしています。それも会うたびに若々しく、肌もツヤツヤで華やかに見えて、悔しいくらいモテて、人気もある。特別なことしているわけではなさそうだけど、自分とは何かどこか違う。それほど自分とは差はなかったのにもかかわらず……。

そんなあなたの疑問にズバリ答えると、「何気ない暮らしの中で運を鍛えていた」だけ。

コパも、「お前はいつから頭がよくなったんだ?」とか、「いつからそんなに何でもできる男になった?」「悔しいぐらいに夢を叶えてるよな」と学生時代からの友人にいわれます。「日々の努力だよ」と答えると、「お前にできるはずがない。毎日の努力なんて」と真顔で返されます。学友は努力が続かないコパの性格を織り込み済みなのです。

コパが今あるのは、風水の師である父親から教えてもらった毎日の暮らしの中で運を鍛える簡単な風水術のおかげです。

実践すれば、あなたも「なんであいつが!」とうらやましがられるほど運のいい人になれるのが、本書収録の「運を鍛えるトレーニングメニュー100」です。

これにはトレーニング器具を用いません。強《し》いて運を鍛える器具をいうならば、衣食住遊心のコパ風水の5本柱と日常生活の簡単風水術だけです。読んでいただければわかりますが、「運トレ」は特別難しくありません。考え方を少し変えればいいだけ。令和6年に喜寿《きじゅ》になるコパも、毎日やり続けているのですから。これからもこの世でどれくらい幸せになれるかを試したいですし、もっと華やかに人生を送りたいですから、「運トレ100」をやり続けますね。

本書は大学卒業してすぐにコパの担当編集になり、それ以来20数年、ムックや書籍を合わせると100冊近くのコンビを組む安田くんが、いや今や安田編集長となった彼に依頼され、執筆したものです。

「コパ先生、『運トレ100』という企画はどうでしょうか。そのあとに、『厄トレ100』『金トレ100』とシリーズ化していきましょう」

この「シリーズ化」「続ける」という言葉に弱いコパに対しての落としどころを彼は知っていたのですね（笑）。

風水格言の「継続は現金」です。

何はともあれ、あなたはきっと、これまで「運トレ」を知らなかったことに後悔するでしょう。でも大丈夫。「開運の努力に遅すぎることはない」からです。

お読みいただきありがとうございました。運トレでますますお幸せに。

令和6年春
Dr.コパ

【著者略歴】

小林祥晃（こばやし・さちあき）

1947年5月5日生まれ、東京都出身。建築家。銀座三宅宮　神職。「風水地理」の理論に裏付けられた家相・方位学を研究。「西に黄色」をはじめとする誰もが取り入れやすい風水理論を発表し、風水ブームを巻き起こす。現在もテレビ、ラジオ、講演会などで活躍。自らがデザインした風水理論を取り入れた家具やジュエリー、財布、器、タオル等を取り扱うコパショップを東京・銀座に展開。主な著書に『NEW　Dr.コパの開運縁起の風水術』がある。

装丁・本文デザイン　若松隆
DTP　キャップス

日本一《にほんいち》の開運《かいうん》の達人《たつじん》Dr.コパが教《おし》える
運《うん》トレ100

2024年 2 月29日　初版第1刷発行

著　者　小林祥晃
発行者　小宮英行
発行所　株式会社 徳間書店
〒141−8202　東京都品川区上大崎3-1-1 目黒セントラルスクエア
電話　【編集】03-5403-4350　【販売】049-293-5521
振替　00140-0-44392

印刷・製本　大日本印刷株式会社

ISBN978-4-19-865754-3
乱丁、落丁はお取替えいたします。